姑苏符号

苏州街巷

《姑苏符号》编委会 编

苏州新闻出版集团
古吴轩出版社

图书在版编目（CIP）数据

姑苏符号. 苏州街巷 /《姑苏符号》编委会编. --
苏州：古吴轩出版社，2019.12（2023.8重印）
ISBN 978-7-5546-1433-4

Ⅰ. ①姑… Ⅱ. ①姑… Ⅲ. ①苏州－概况 Ⅳ.
①K925.33

中国版本图书馆CIP数据核字(2019)第239321号

策　　划：唐伟明　陆月星
顾　　问：叶正亭
特约专家：柯继承　余　嘉
责任编辑：鲁林林
装帧设计：刘雨馨
封面设计：刘雨馨
责任校对：赵亚婷
插　　画：星　火　刘雨馨
摄　　影：王亭川　祁金平　吴万一　钟敏强
徐　怡　唐伟明　陆月星 等

书　　名：**姑苏符号·苏州街巷**
编　　者：《姑苏符号》编委会
出版发行：苏州新闻出版集团
古吴轩出版社
地址：苏州市八达街118号苏州新闻大厦30F
电话：0512-65233679　　　邮编：215123
出 版 人：王乐飞
印　　刷：无锡市证券印刷有限公司
开　　本：787mm × 1092mm　1/16
印　　张：8.25
版　　次：2019年12月第1版
印　　次：2023年8月第2次印刷
书　　号：ISBN 978-7-5546-1433-4
定　　价：35.00元

编委会

人物介绍

文文

小学生，性格憨厚，有时候又有点小迷糊，喜欢阅读，遇到想不通的问题喜欢打破砂锅问到底。他的理想是长大后成为一名博学的工程师。

文文的同学，性格开朗，喜欢打抱不平，同学中的开心果，有责任心，做事认真。长大后他想成为一名酷酷的飞行员。

小美

文文的邻居，幼儿园、小学同班同学，平时有点爱臭美，有点冷幽默，做事很有自己的主见。她想成为一名艺术家，因为弹琴、画画、跳舞她都在行。

孩子们的课外导师，爱护学生，工作热情，知识渊博，思维活跃，虽然有时候很严肃，但同学们都不怕他，因为他胖墩墩的样子实在惹人喜欢。

苏博士

文文爸爸

报社的编辑，工作时沉着、冷静，回家后温和、热情，喜欢跟文文一起读书、运动、旅游。希望与儿子建立起铁哥们一样的关系。

目 录

第一单元　平江历史文化街区

第二单元　阊门历史文化街区

社会实践课活动地图

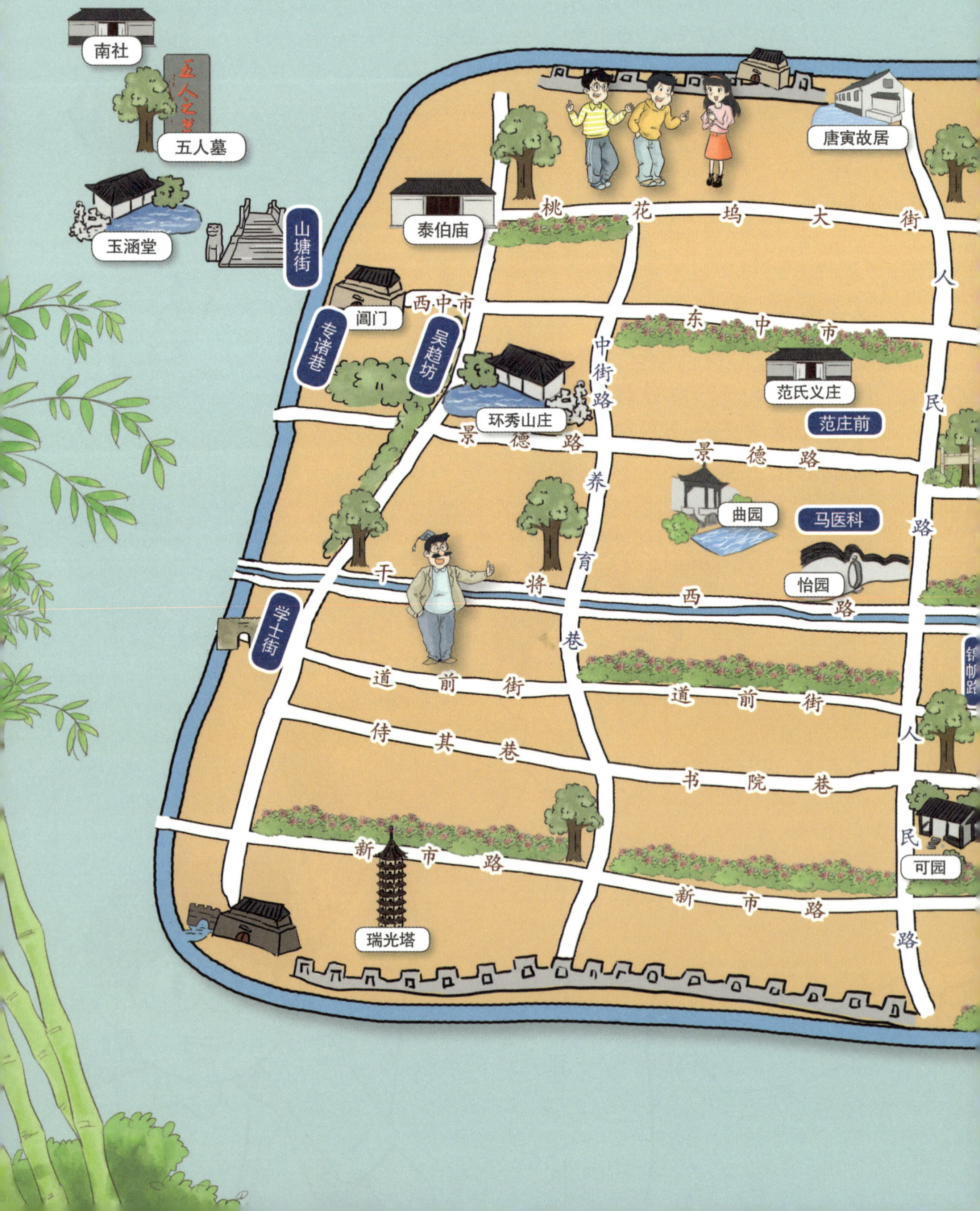

南社
五人墓
玉涵堂
山塘街
泰伯庙
唐寅故居
桃花坞大街
阊门
西中市
专诸巷
吴趋坊
东中市
中街路
范氏义庄
范庄前
环秀山庄
景德路
景德路
养育巷
曲园
马医科
怡园
干将西路
学士街
道前街
道前街
侍其巷
书院巷
新市路
新市路
瑞光塔
可园
人民路

苏州街巷

寺塔
齐门路
北街
拙政园
苏州园林博物馆
百家巷
东北街
潘儒巷
狮子林
园林路
塔西路
白塔东路
临顿路
五爱堂
闾邱坊巷
前街
悬桥巷
迎晓里
大儒巷
胡厢使巷
丁香巷
仓街
耦园
平江路
邵磨针巷
宫巷
太监弄
丁家巷
《平江图》碑
干将东路
太炎故居
五卅路纪念碑
凤凰街
十梓街
十全街
带城桥路
网师园
沧浪亭
竹辉路

平江历史文化街区关键词

★ 君到姑苏见，人家尽枕河。——［唐］杜荀鹤《送人游吴》

★ 平江府；《平江图》

★ 古城保护；阮仪三

★ 胡厢使巷、悬桥巷、大儒巷、丁香巷、丁家巷

★ 黄丕烈、叶圣陶、顾颉刚、王敬臣、白丁香、丁谓

第一单元

平江历史文化街区

1 两千五百年姑苏缩影——平江路

苏博士导读

各位同学好，今天先出个问题考考大家，谁知道苏州有哪些别称？

那还不简单，“君到姑苏见，人家尽枕河”，当然是“姑苏”啦。

我知道苏州以前还叫“长洲”，得名于吴王阖闾的长洲苑。

我听老师说过，苏州在宋朝时叫平江府。“平江路”这个名称是不是就跟“平江府”有关呢？

看来大家平常积累的知识真不少！那小美的猜测是否成立呢？一会儿我们就来揭晓答案！

苏博士课堂

平江路古时称“十泉里”，据说是因为这里有十口古井而得名。到了清代，又有了“平江大路”的说法。在当时的苏州，这条路是东半城的主要通道。之所以叫平江路，是因为苏州在宋代时称平江府。

平江河和平江路都不宽阔，小河上能通行的仅仅是摇橹船，路则是石板小路，只能供一辆三轮车行驶。尽管这路、河普通、狭窄，却是早就刻在现存苏州最古老的城市地图——宋代《平江图》上了。而且，平江街区

内的有些街巷、河道、桥梁都还能在《平江图》上找到呢！这样的历史遗存，可以说是十分难得的。

“水陆并行，河街相邻”的水乡苏州，自古就享有“上有天堂，下有苏杭”的美誉。沧海桑田，世事更迭，平江路街区依然很好地保留着这一水乡格局，一代代苏州人在这里生活、成长。历史上，许多文人雅士、达官贵人曾生活于此，比如清代名臣潘祖荫，状元潘世恩、洪钧，藏书大家黄丕烈，近代著名教育家叶圣陶、历史学家顾颉刚……

八百多年的风雨沧桑，平江路街区积淀了深厚的文化底蕴，聚集了极为丰富的历史

遗迹和人文景观。目前，街区内有1处世界文化遗产——耦园，9处文化保护单位，43处控保建筑，至今还保留着古城墙遗址，以及为数众多的古井、古桥、古牌坊……可以说，它们是姑苏古城风貌的缩影，是最能体现江南“小桥流水人家”气质的地方之一。

拓展问答

《平江图》是如何诞生的呢?

这要从南宋金兵南下攻入苏州说起。当时,因为战争,城市遭到极大破坏,但苏州人以独特智慧和顽强毅力重建了苏州城,并且留下了一张重建完成后的城市地图,这就是《平江图》。《平江图》是我国城市地图的开山鼻祖,非常珍贵,举世闻名。后来,地图被镌刻在石碑上,称《平江图》碑,原碑现存苏州碑刻博物馆。

平江路的历史那么悠久,这里的木质建筑看起来却都保护得很好,没有遭到腐蚀和破坏,这些工作是谁做的呢?

当然是苏州市政府和苏州工匠啦!这片八百多年历史的街区,可是花了大力气修缮哦。2002年,为了使平江路再现原来的面貌,苏州市政府启动了“平江路风貌保护与环境整治先导试验性工程”,邀请历史文化名城保护专家阮仪三教授领衔,编制街区保护整治规划,按照保持古城格局、展现传统风貌、美化环境景观、传承历史文化的基本要求,相继实施了房屋修缮、河道清淤、码头修整、绿化补种等基础性工程。最终,平江路风貌保护与环境整治工程取得了显著成效，也赢得了世界的赞誉。联合国教科文组织高度评价了该项工作：“该项目是城市复兴的一个范例，在历史风貌保护、社会结构维护、实施操作模式等方面的突出表现，证明了历史街区是可以走向永继发展的。”并授予其文化遗产保护荣誉奖。

平江路上有很多历史悠久的古桥？

是的。平江路是苏州全市古桥最集中的区域，有东西向的古桥11座。它们的历史，有的甚至能追溯到八百多年前的宋朝。比如平江河上仅剩的一座拱桥——胡厢使桥，它和梁式石桥唐家桥互成犄角，组成一对双桥，比鼎鼎有名的周庄双桥还早了约四百年。此外，平江路上还有两组双桥——众安桥（大新桥）和小新桥，通利桥和朱马交桥，这两对双桥的历史也都比周庄双桥早。

课外活动

“因为一条路，爱上一座城。”平江路当之无愧就是这样一条有独特魅力的路。利用课余时间去走一走、看一看，体会旧街古巷里江南水乡的生活韵味，并写一篇日记记录自己的心得体会，或者画出你眼中的平江路。

2 隐藏在小巷里的大藏书家

苏博士导读

苏博士，昨天，我和爸爸、妈妈去平江路玩，我给他们讲了“平江府”和《平江图》的故事，他们都夸我跟苏博士学得认真呢。

跟着苏博士一边走一边玩，不知不觉就掌握了很多知识，体会到了学习的乐趣。

没错。著名教育家叶圣陶先生，也主张让孩子在生活中学习。

叶圣陶爷爷是苏州人，我很喜欢他写的《稻草人》。听说他的故居就在悬桥巷里。

没错，悬桥巷是一条小巷子，但巷内的古建筑却非常多，保存至今的还有八处。沿着悬桥巷自西往东走，便能看见钱伯煊故居、洪钧故居、方嘉谟故居、潘氏松麟义庄等古老的建筑群。叶圣陶爷爷从小就生活在潘氏松麟义庄边上的一间小屋里。你们知道吗？潘氏松麟义庄是在藏书家黄丕烈的“百宋一廛（chán）”藏书楼故址上创建的。黄丕烈在中国藏书史上占据着举足轻重的地位。今天，苏博士就给大家讲一讲这位清代著名的藏书大家。

苏博士课堂

黄丕烈原本只是古代众多读书人中的一员，为了谋得一官半职，一次又一次奔赴科举考场。不过，他比一般的读书人更爱书、敬书，他称自己是“书虫”“书魔”“书奴”。39岁那年，他彻底放弃了仕宦之路，回家专事收藏，将生活乐趣、人生志向都托付给书籍。

黄丕烈毕生致力于古籍的收藏和整理研究，可以用三个词概括他的收藏风格，即佞（nìng）宋、校（jiào）勘和“黄跋”。

佞宋，就是痴迷于收藏宋朝的书籍。在藏书史上，宋版书因精于校勘，且书体多出自名家，而为世人所珍重。黄丕烈尤其喜爱宋版书，他最为著名的藏书室“士礼居”，就是因宋版《仪礼》及其注疏的收藏而得名。而他在悬桥巷的“百宋一廛”藏书楼，就是专门用来收藏宋版书的。

校勘的意思就是校对和勘误。黄丕烈拿到一本书后，会找到这本书的另一个版本，并根据这个版本逐字逐句校对，如果发现不同或者错误之处，会在边上加以备注说明——这种校对方法，被人们称为“死校”。这种校勘方法，有利于保证古籍的完整度，而且，完备的校勘记录更便于后来的学者参考研究。

藏书界有个说法，只要是黄丕烈校勘的古籍，都是珍贵的善本。

对藏书稍有了解的人都知道，“黄跋”是藏书界的一个标志性符号。黄丕烈习惯于在收藏的古籍善本上撰写题跋。这些题跋被后人多方搜集，编为极富价值的版本目录，其中，以光绪年间潘祖荫滂（pāng）喜斋刻印的《士礼居藏书题跋记》为最早。黄丕烈写跋时，常把家庭情况、日常生活、学术观点、好友交游，乃至诗作都写进去。因此，阅读黄丕烈的题跋，既能了解到他的学术观点，也可以看到众多书林掌故和他自己的日常生活。可以说，“黄跋”既是珍贵的学术资料，也是研究黄丕烈生平的重要依据。现在，凡是有“黄跋”的古书，都可以列入一级古籍善本。

若论起生平事迹，黄丕烈的一生是非常平淡的，但在中国藏书史上，他留下了浓墨重彩的一笔。藏书人的执着与风雅，在他的藏书楼里达到了“道”的高度，令后人膜拜敬仰。

拓展问答

听说黄丕烈还会举行祭书大典?

是的,“丕烈祭书”也是藏书界一件令人津津乐道的事。买到心爱的书籍,黄丕烈会用鲜花作供,焚香,并邀请亲朋好友行叩拜之礼。礼毕,大家一起细啜慢饮,品评好书,诗词唱和。黄丕烈惜书、爱书、敬书、藏书的风雅之举充满了仪式感。

悬桥巷真是名家辈出,听说,著名历史学家顾颉刚的故居也在这里!

是的,顾颉刚是叶圣陶的好朋友,他的家,就在叶圣陶故居对面的顾家花园,两人从小一起念书、玩耍。长大后,叶圣陶成了著名的教育家、文学家,顾颉刚则选择了研究历史,成为中国现代著名的历史学家、民俗学家。顾颉刚将史学上的创见运用到民间文学、民俗学领域,取得了极大成就,享誉中外学术界。

课外活动

去悬桥巷找寻百宋一廛藏书楼,探访其中是否还有纸墨书香的痕迹。查阅资料,了解黄丕烈的生平往事,讲给你的爸爸、妈妈听。

3 大儒巷里出大儒

苏博士导读

悬桥巷真是卧虎藏龙，参观了这条小巷，我又了解了好几位文化名人，学到了不少知识！苏博士，今天我们要去探索哪条街巷呢？

今天，苏博士带大家到悬桥巷南侧的大儒巷走一走，这里的故事既感人又励志哦。

我在大儒巷巷口的少年宫学习绘画，经常去那里！

那里的平江文化中心，每天都有评弹表演，爸爸曾带我去看过。不过，感人的故事到底和谁有关呢，我太好奇了，苏博士，快给我们讲一讲吧！

不急，我们边走边讲，出发！

苏博士课堂

大儒巷，古名“大木巷”，又名“大树巷”。后来，因为明代大儒王敬臣曾住在这里，而且苏州话中“树”与“儒”音近，渐渐地，人们就改称其为“大儒巷”了。“仁孝里”是大儒巷边上的一条小巷子，现称“迎晓里”，也是取自谐音而赋予新意。

大儒巷和仁孝里，都与王敬臣有关。

王敬臣为人称道的，主要有两件事：一是他潜心研究儒家学说，以“慎独”为先；一是以仁孝而闻名乡里，大家称他为“仁孝先生”。

“慎独”的意思是，人在闲居独处、无人监督之时，更须谨慎从事，自觉遵守各种道德准则。慎独是个人风范的最高境界。王敬臣潜心研究儒家学说，在家开馆讲学，先后收有学生四百余人，被誉为“大儒”。王敬臣著有《礼文疏节》《家礼节》等，可惜均已散失，仅存《俟后编》六卷。他学问出众而处世低调，不愿为官显名。他曾受荐为国子监博士，这在读书为博功名的封建社会，是件非常了不起的光宗耀祖之事，但王敬臣却坚辞不就。

那他到底有多仁孝呢？

据记载，王敬臣的父亲有一次生病，背上发炎脓肿，为帮父亲减轻痛苦，王敬臣常常直接用嘴吸掉脓液，使得父亲的病体渐渐得以康复。还有一次，父亲得了瞀（mào）眩病，头晕眼花，不能正常行走，王敬臣就每

晚都在父亲床前打地铺，睡觉时连衣服也不脱，只要听到咳嗽声，就立刻爬起来悉心服侍。在他的精心照料下，父亲的身体一天天好起来了。

王敬臣对继母也非常孝顺。据说，他的继母是个急性子，王敬臣稍有不合她心意之处，就要被大声训斥。每当这时，王敬臣就恭敬地跪在地上解释，从来不会顶撞或者不服气。最终，王敬臣的孝行感动了继母，一家人相处得其乐融融。

在讲究忠孝道德的明代，王敬臣的孝行渐渐闻名天下。明朝万历年间，苏州知府特地为他立牌坊，题名“仁孝坊”，那条小街也就命名为“仁孝里”了，就是现在的“迎晓里”。

拓展问答

苏博士，能给我们介绍一下潘镒（yì）芬故居吗？

潘镒芬故居名叫端善堂，是一座五路七进的典型清代大宅院，已被列为苏州市控制保护建筑。潘镒芬出身书香门第，是著名的水利专家，对黄河的治理做出了很大贡献，被尊称为“潘圣人”。

从迎晓里走出了哪些名人呢？

清代苏州地方志《吴门表隐》的作者顾震涛就生于迎晓里。顾氏家族是苏州闻名遐迩的名门望族，顾震涛是顾野王的三十九世孙。清代康熙皇帝曾誉称顾氏为“江南第一读书人家”。顾震涛从小聪明好学，是一个甘守贫苦的读书人，他最大的爱好就是著书立说，寒暑不辍。清代有名的“顾皮蛋”也住在迎晓里。传闻顾氏制松花蛋，不仅味佳，还能治病，《吴门表隐》中就有记载。

课外活动

去大儒巷走一走，找寻其中的古宅遗迹，拍照记录你的发现。再上网搜集一些苏州古代的仁孝故事，讲给你的好朋友听。

4 丁香巷与丁家巷传奇

苏博士导读

苏博士，昨天我读了一首现代诗——戴望舒的《雨巷》，有人说，这首诗写的就是平江街区的丁香巷，是真的吗？

不对，已经辟谣啦，实际上，丁香巷的名字跟宋朝有名的佞臣丁谓有关。

乐乐，你说的是和基广场边上的丁家巷吧？它跟位于平江街区东北端的丁香巷，是两条不同的小巷哦。

文文说得没错。不过，从现有的资料看，丁家巷的确得名于丁谓，而丁香巷的名字，似乎也并非跟丁谓完全没有关系。这是怎么一回事呢？今天，苏博士就给大家讲讲这两条街巷背后的故事。

苏博士课堂

丁香巷位于平江历史文化街区的东北端，西出平江路，东至仓街。相传，因为巷子里曾有一棵丁香树，而得名丁香巷。

很多人说，读过戴望舒《雨巷》的人，来到这里，都会不自觉地想到这首诗。是的，这样狭长幽深的小巷、凹凸不平的青石路面、斑驳的墙面和墙角的青苔，不正是戴望舒笔下，那条悠长而又寂寥的雨巷吗？这真是一个美妙的巧合，戴望舒写的，不是苏州的街巷，却又胜似苏州的街巷。更为传奇的是，这条丁香巷里，真的走出了一位丁香姑娘，她的名字叫作白丁香。

15岁那年，白丁香进入苏州大学的前身东吴大学学习，之后，她又秘密加入了中国共产党，从事地下工作。1932年，白丁香被派往北平一带，组建地下联络站，一出潜伏战就这样悄然进行着。可惜的是，后来，由于被叛徒出卖，白丁香不幸被捕，最终在南京雨花台，被秘密枪杀。

那么，丁香巷的巷名与丁谓有关的说法从何而来呢？原来，我们从《平江图》中可以看到，就在如今的丁香巷附近，有座丁晋公庙。丁晋公就是丁谓，所以就有人说，这条巷子的名称，很有可能就是由丁谓而来。

丁家巷

丁谓是苏州众多名人中的一朵“奇葩”，集“千年佞臣”与“旷世奇才”的名头于一身。据考证，丁谓是宋代第一个做官做到宰相的苏州人。他的故居，就在如今平江路街区西南端和基广场边上的丁家巷。

丁谓年少时就以才学出名，琴棋书画、诗词音律，无不通晓。他有过目不忘的本领，千字长文也能一遍成诵。有一次，宋

真宗赵恒问道："唐朝的酒价是多少？"丁谓脱口答道："每斗三百。"真宗问他如何知晓的，丁谓答道："有杜甫诗为证，'速宜相就饮一斗，恰有三百青铜钱'。"

丁谓十分聪明，他为修复毁于大火的皇宫，献出了一条"连环计"：把宫门前的一条马路挖成河道，引河水入内，这样，一能用水运解决运送建筑材料的难题，二能利用挖河的土就地烧砖，三可在宫殿落成后将建筑垃圾填河筑路。这"连环计"解决了材料运输、取土烧砖、清理废墟三个难题，可谓是"一举三得"，大大节省了开支，缩短了工期，是中国古代运用系统科学和统筹思想决策的典范。

可惜的是，聪明博学的丁谓，后来却为了权力变得邪佞狡诈，陷害与他政见不同的人。最终，丁谓自食其果，被罢了相。

拓展问答

听说丁谓还与两个典故有关系？

一个是"溜须拍马"。丁谓做副宰相时，他的老师寇准是宰相。有一次，公务聚餐，寇准不小心

把汤汁洒在了胡子上，丁谓立即上前，为寇准捋了一下胡须。可是，寇准一点面子也不给他，当众斥责道：“你身为堂堂副相，是专职给上级捋胡子的吗？这成何体统！”“溜须拍马”中“溜须”就是从这里来的。

另一个是“眼中钉”。寇准的斥责，让丁谓在众人面前下不了台，非常尴尬，他又羞又恼，从此对寇准怀恨在心。他私下寻找寇准的短处，经常在皇帝面前打小报告，最终导致寇准被贬出京城。寇准为人为官都比较正直，他是蒙冤被贬的，对此，当时的平民百姓都心知肚明。于是，一首歌谣在民间悄悄流传开来，歌中唱道：“欲得天下宁，须拔眼中丁；欲得天下好，莫如召寇老。”歌中的“丁”，指的就是丁谓。后来“丁”被写成了“钉”，“眼中钉”就一代代地传了下来。

课外活动

带着相机去平江路街区走一走，拍一拍丁香巷，感受“苏州味”。

社会实践课　平江路深度游

苏博士去哪儿

平江路不愧是我们千年姑苏城的缩影啊！周围普普通通的一条小巷子，背后都藏着无数名人故事，让人大开眼界。

是啊，听完了这些故事，我更想去平江路走一走了。以前，爸爸、妈妈带我去过几次悬桥巷，却从没听说过藏书家黄丕烈的故事。

我也是第一次听说，迎晓里的背后还有一段那么感人的故事，我们要向王敬臣学习，慎独修身，孝敬父母。

乐乐说得非常好。我们聆听了古人的故事，要学会思考、沉淀，转化为对自己有用的东西。好的，废话不多说，今天苏博士就带大家实地走访平江路。带着我们前面听到的故事去旅游，你们一定会更有感触的，一起出发吧！

微旅游路线推荐

平江路深度游旅行线路

平江路——胡厢使巷（胡厢使桥）——丁香巷——悬桥巷（黄丕烈藏书楼、方宅、查宅、悬桥）——迎晓里——大儒巷（潘镒芬故居、昭庆寺）——肖家巷——钮

家巷——丁家巷——建新巷——阮仪三城市遗产保护平江路活动基地——《平江图》碑亭

完成微记录

选择一种完成

1. 制作“平江路深度游手绘地图”：

（1）手绘游览平江路的旅游线路图；

（2）重点描绘自己最喜欢的一条小巷；

（3）在地图中标注自己印象深刻的“美食坐标”。

2. 制作“平江路深度游图片墙”：

（1）拍摄平江路美景照、美食照及旅行中有趣的瞬间等照片；

（2）结合你能想到的其他素材（文字、手绘图等），制作平江路深度游“图片墙”。

阊门历史文化街区关键词

★ 让三国是周天下，第一初开吴世家。

★ 下塘街、专诸巷、吴趋坊、桃花坞大街

★ 泰伯、专诸、陆机、唐寅

★ 桃花坞木版年画

第二单元

阊门历史文化街区

1 泰伯奔吴——吴文化的起源

苏博士导读

各位同学好，从今天开始，我们暂别历史悠久、名人汇聚的平江路，沿着干将路一直往西行，去逛一逛阊门历史文化街区。第一站，我们到下塘街走一走。下塘街对我们苏州人而言意义非凡，因为这里有一座庙，庙中供奉的人是一位“苏州移民”，正是因为他的到来，才有了对后世影响极为深远的吴文化。

苏博士课堂

下塘街位于中市河北塘岸，东起河沿街，西至阊门横街。因在阊门内中市河下塘，故名。

下塘街历史悠久、人文荟萃，出了不少名人，如清代的状元陆肯堂和他的七世孙陆润庠。不过，这条街上最有名的大人物，当属古吴始祖泰伯，街上的泰伯庙便是纪念他的。

泰伯庙，又称“至德庙”，建于东汉年间。原本建在阊门外，五代时迁到城内下塘街，是江南地区第一座奉祀泰伯的祠庙。

泰伯庙自建成后，历经多次毁损、修复。康熙南巡时，曾为泰伯庙御笔亲书“至德无名”四字。乾隆皇帝在南巡时，也曾亲书“三让高踪”四字。可见苏州泰伯庙

的崇高地位。1982年，泰伯庙被列为苏州市文物保护单位。

来到泰伯庙前，我们首先看到的，是一副对联：让三固是周天下，第一初开吴世家。此十四字联，精准概述了泰伯最伟大的两个贡献。“让三”说的就是我们都很熟悉的泰伯“三让王位”的事，而“第一初开吴世家”又是怎么回事呢？

原来，泰伯来到江南时，这里仍处于原始社会末期，经济、文化相对落后，被中原地区的人称为“荆蛮”。泰伯带来了中原的先进文化，并结合江南水乡的特点，带领当地居民开掘人工运河，大力发展种桑养蚕等农耕业。泰伯还改变了江南落后的生活习惯，让人们逐渐“全熟为食”“建村立巷”。从此，百姓们安居乐业，生活幸福。人们敬佩泰伯的能力与品行，便尊他为王。

大思想家孔子对泰伯极为推崇，曾对泰伯做出了“至德”的评价：“泰伯，其可谓至德也已矣，三以天下让，民无得而称焉。”泰伯开启了吴地温和谦让、乐善好施的精神文化传统，后世为了纪念他，便修建了这座至德庙。

拓展问答

泰伯这样伟大，那到了近现代，泰伯庙又发生了哪些故事呢？

清光绪二十四年（1898），客居苏州的湖南人马伯亥，在泰伯庙内创办了苏州德律风公司，装备24门磁石式交换机一部，服务对象为江苏巡抚衙门、织造府、总捕府、商务总会、电报局等。泰伯庙是江苏第一个市内电话产生地，具有历史意义。

苏博士，再给我们介绍几处下塘街有名的古建遗迹吧！

除了泰伯庙，下塘街内的重要建筑还有陆润庠故宅、福济观和崇真宫。福济观俗称“神仙庙”，始建于南宋，里面供奉的，是我们非常熟悉的“八仙”之一吕洞宾。苏州每年农历四月十四的轧神仙活动，原来就是在这里举行的，1999年在南浩街重建福济观，轧神仙活动也移到了那里。

课外活动

利用课余时间去泰伯庙走一走、看一看，了解更多关于“泰伯奔吴”的故事。

2 与刺客同名的小巷——专诸巷

苏博士导读

在下塘街西侧南面，阊门遗址的南侧，有一条历史悠久的小巷，叫专诸巷。今天，我们就到这里走一走。

听说专诸巷的巷名是为了纪念刺客专诸。

苏博士，我在南京也见过一条专诸巷，爸爸告诉我，它也是为了纪念专诸。

没错，因为专诸的出生地位于今天的南京六合区，当地人为了纪念他，就将他出生的巷子命名为“专诸巷”。人们为什么这样敬重专诸呢？下面，我们就来听听这个吴国历史上著名刺客的故事吧！

苏博士课堂

专诸巷位于西中市阊门口，是一条紧挨护城河和城墙的小巷子，南面是金门，往北就到了阊门。

专诸是春秋时吴国棠邑（今南京六合）人，原本是一个屠夫，后被伍子胥引荐给吴国的公子光。那时候，公子光一心想要刺杀吴王僚，自立为王，可是苦于找不到合适的机会和人选。得到专诸以后，公子光终于看到了希望。

那一天，公子光精心置办酒席，宴请吴王僚。吴王僚非常谨慎，他虽然来参加宴会了，但为了安全起见，进行了

铁桶式防守。从王宫到公子光府邸的厅堂，从屋里到屋外，统统布置了武士，他的身边也配备了很多卫兵，身上更是套了三重盔甲。

如此精密的防守，应该不会出意外了吧？吴王僚便放宽了心，与公子光一起饮酒作乐。酒喝到一半，公子光假装脚有毛病，暂时退席，进入地下室与专诸会合。专诸早已准备充分，得到指示后，便恭敬地端着烤鱼，上前进献。

吴王僚的保镖例行搜身，没有发现任何问题，便让他跪在地上，用膝盖前行。专诸没有任何反抗的神色，跪行来到吴王僚面前。当所有人都认为万无一失时，专诸突然从鱼腹中抽出早已藏好的匕首，以迅雷不及掩耳之势猛刺吴王僚。虽然保镖反应迅速，但就在他们的长剑刺中专诸的同时，锋利的鱼肠剑也刺穿了吴王僚的身体，二人一起倒地而亡。

之后，公子光顺利称王，

即为后来的吴王阖闾，伍子胥也当上了吴国的大臣，才有了姑苏古城的兴建。

人们敬佩专诸勇猛无畏的气概，为了纪念这位勇士，便将他生前曾居住过的巷子称为“专诸巷”。

此后的一千八百余年里，专诸巷一直默默无闻，隐没在历史的烟云中。到了明代，苏州手工业进入了全盛时期，特别是苏州的制玉业，闻名全国，世称“苏琢”，而苏州的玉器作坊和店肆，集中在专诸巷延至天库前、周王庙弄、学士街一带，十分兴盛，专诸巷又回到了人们的视野中。清代的时候，专诸巷发展成为全国的玉器工艺中心，这里的制玉技艺之精湛、佳作之精美，连乾隆皇帝都赞不绝口：“专诸巷中多妙手，琢磨无事太璞剖。”

拓展问答

我听过一句俗语，“专诸巷配眼镜——各人眼光不同”，这句话是什么意思呢？

对某一事物，大伙各持己见，不能统一看法，苏州人面对这种情况，会说“专诸巷配眼镜——各人眼光不同”。这是因为，专诸巷自清末起，便成了配制和销售眼镜的集中地，苏州人一说配眼镜，就知道要到专诸巷去，慢慢就有了这句谚语。

从专诸巷里，是不是走出了很多能工巧匠？

没错。比如清朝康熙年间，专诸巷就出了一位制砚高手顾二娘，有传说，她仅用脚尖点石就能够辨识出砚石的好坏。当时的书画家，都以能用上她制作的砚台为荣。顾二娘死后，书画家们纷纷作诗凭吊她，如“明珠七字端溪吏，乐府千秋顾二娘”。顾二娘做的洞天一品端砚，现在就收藏在故宫博物院。

课外活动

专诸巷历史悠久，走出了不少名人，比如画出了举世闻名的《姑苏繁华图》的画家徐扬、琢玉巨匠陆子冈等。查阅资料，实地走访专诸巷，去了解更多专诸巷的名人故事吧！

3 四坐并清听，听我歌吴趋

苏博士导读

楚妃且勿叹，齐娥且莫讴。四坐并清听，听我歌吴趋……

苏博士，您在读什么呢？

这是出生于苏州的大文豪陆机写的《吴趋行》，跟我们今天要去的地方有关。

是不是吴趋坊？这首诗中的吴趋，跟吴趋坊有关系吗？

此吴趋到底是不是彼吴趋呢，我们来听听吴趋坊的故事就知道了。

苏博士课堂

吴趋坊，位于景德路黄鹂坊桥西堍（tù）北侧，南起景德路，北至西中市皋桥西堍，是宋代以前的六十古坊之一。吴趋坊得名于古代的《吴趋曲》。《吴趋曲》是吴地人民歌唱当地风情的歌曲。晋代文学家陆机和梁元帝萧绎都写有《吴趋行》篇，尤其是陆机的《吴趋行》："楚妃且勿叹，齐娥且莫讴。四坐并清听，听我歌吴趋。吴趋自有始，请从阊门起。阊门何峨峨，飞阁跨通波。重栾承游极，回轩启曲阿。蔼蔼庆云被，泠泠祥风过。山泽多藏育，土风清且嘉。泰伯导仁风，仲雍扬其波。穆穆延陵子，灼灼光诸华……淑美难穷纪，商榷为此歌。"全篇长达三十四句，描述了吴郡建筑雄伟、物产丰富、民风淳朴、人才荟

吴趋坊

萃的盛况，“吴趋”遂以著名，甚至一度成为苏州的代名词。

旧时，吴趋坊是城内一条极为繁华的街道。元宵灯节，街上挂满彩灯，五光十色，亮同白昼，可谓盛极一时。四月十四轧神仙，神仙庙就在皋桥东堍北侧下塘街，而轧神仙时，售卖花鸟禽鱼、日用杂品等的货摊，大多设在吴趋坊。游人也在吴趋坊内观赏、购买，真可谓是摩肩接踵，人山人海。七月半、十月朝等节举行庙会，吴趋坊也是出会的必经之地，而且，各种杂耍必须在这里表演一番。苏州人耳熟能详的一句谚语“吴趋坊看会——老等”，就是因为看庙会的人都等在这里而产生的。

吴趋坊历史悠久、名人辈出。相传，唐伯虎在迁至桃花坞之前，其旧居就在吴趋坊北端。近代南社社员、京剧演员冯子和，也曾在此巷内居住。

拓展问答

苏博士，能给我们详细介绍一下陆机吗？

陆机就是著名的“太康之英”，是我国文学史上开创文学新风气的重要文学家。陆机出身于东吴显贵家族，祖父陆逊为丞相，父亲陆抗为大司马，都是东吴名将，为孙吴政权建立了不朽的功勋。生活在这样的家庭里，对于陆机来说，不但是无上荣耀，而且直接激励他确立了追求功名、光宗耀祖的人生目标，因此，陆机从少年时代起，就产生了建功立业的强烈愿望。然而，他的仕宦之路却十分坎坷。20岁时，吴国灭亡，两位哥哥均被杀害，年轻的他遭受了国破家亡的厄运，心中的悲痛不言而喻。在这种情况下，他不得不改变原来的生活方式，隐居了十年，其间，他埋头苦读，创作出《吴趋行》等名篇佳作。

一般认为，文人正面集中描写苏州的诗歌，就是从陆机的《吴趋行》开始的。此外，陆机亦擅书法，他的《平复帖》是我国现存最早的名家书法真迹。

晋武帝太康末年（289），陆机和弟弟陆云应召奔赴洛阳寻求功名。陆机先后担任太子洗马、中书郎、平原内史等职，世

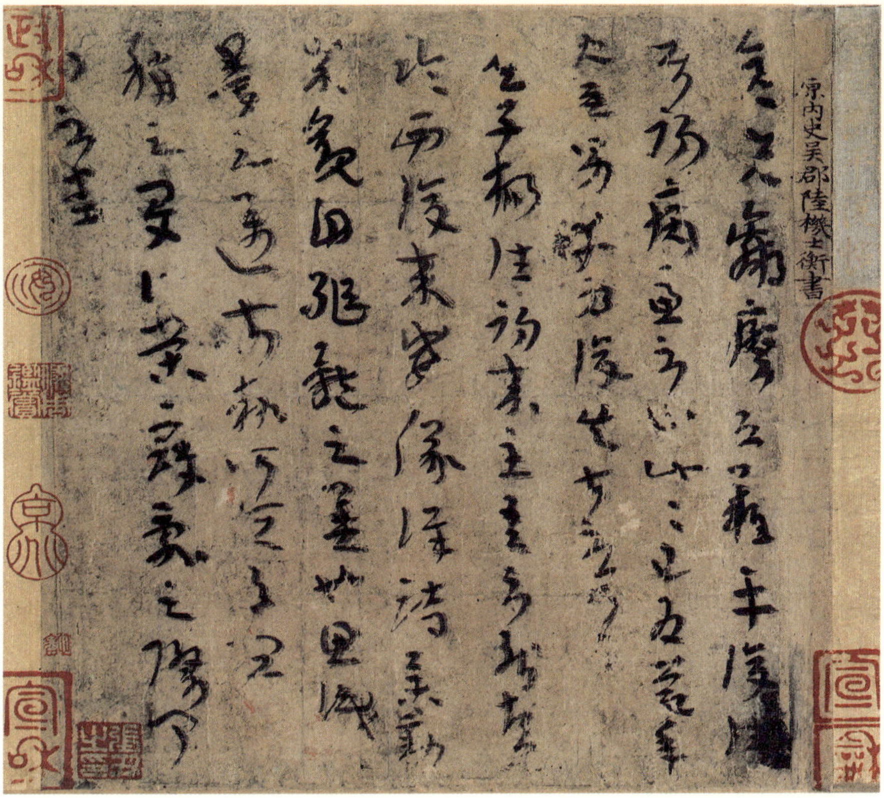

西晋陆机《平复帖》

称“陆平原”。他出身豪门，一心希望继承父祖之业，能够在政治上有所作为，可惜不久便跌入了深不可测的政治陷阱，被人诬害，成为“八王之乱”的牺牲品，遇害时年仅43岁。

课外活动

陆机和他的弟弟陆云，被世人合称为“二陆”，二人均富有才学，是苏州历史上不可多得的名贤。查阅资料，了解更多有关“二陆”的故事。

4 桃花坞与唐伯虎

苏博士导读

“吴趋自有始，请从阊门起。阊门何嵯峨，飞阁跨通波。”原来，阊门在西晋时就已经很有代表性了，真想回到古代，去看看那时的阊门，一定非常气派。

是的，阊门是古城苏州的西门，也是古代苏州著名的商业中心。尤其在明朝和清朝，阊门是苏州最繁华的地方。

文文说得没错，“世间乐土是吴中，中有阊门更擅雄”——大家还记得这句诗是谁写的吗？

我知道，就是曾经住在桃花坞的苏州才子唐伯虎！

真棒！那么，今天我们就一起走进桃花坞，听一听这里曾经发生的故事吧。

苏博士课堂

桃花坞，就是现在桃花坞大街及其周边地区。据说唐宋时期，桃花河（即《平江图》中古城内第一横河）西北遍植桃树，称桃花坞。现在的“桃花坞大街”街名即源于此。北宋名将章楶（jié），曾在这里建造桃花坞别墅，并广植桃李。每到春天，遍地花开，烂漫若朝霞。

到了明代，著名画家唐寅，买了章楶桃花坞别墅遗址部分地块，在此营造家园，取名为“桃花庵”，自号“桃花庵主”，并写下了著名的《桃花庵歌》：“桃花坞里桃花庵，桃花庵下桃花仙……”从此，这里便更加有名了。

唐寅从小就非常聪明，却被科场舞弊案牵累而仕途无望。后来回到苏州，妻子又嫌弃他，最终离他而去，就连童仆，对他也不那么顺从恭敬了，唐寅不禁悲从中来。然而，唐寅并未放任自己沉湎于悲伤之中。当他寄情诗画，重新确定了自己“自由职业者”的身份之后，便不再消沉，转而对权势富贵采取蔑视和对抗的态度。他在《言志》诗中这样写道：“不炼金丹不坐禅，不为商贾不耕田。闲来写就青山卖，不使人间造孽钱！”痛快淋漓地表达了他桀骜清高的处世态度。

后来，能书善画、多才多艺的唐寅，果然取得了极高的艺术成就。在诗文方面，他与祝允明、文徵明、徐祯卿并称“吴中四才子”；在绘画方面，他与沈周、文徵明、仇英并称“吴门四家”。

桃花坞的又一次名声大噪，是在清代，因为桃花坞的木版年画。早期的民间年画以手绘为主，木版画单独印成年画，大约是在宋代出现的。到了明朝末期，桃花坞年画已有了完整的独特风格，当时被称为“姑苏版”年画。“姑苏版”年画在清代雍正、乾隆年间达到鼎盛，成为和园林、刺绣、昆曲等并重的苏州名片之一。

桃花坞木版年画，主要表现吉祥喜庆、民俗生活、戏文故事、花鸟蔬果和驱鬼辟邪等民间传统审美内容，在中国美术史和世界版画史上，都占有非常重要的地位。日本的浮世绘，就受到桃花坞木版年画的直接影响。2006年，桃花坞木版年画被列入第一批国家级非物质文化遗产名录。

拓展问答

除了桃花坞木版年画，民间还有哪些有名的年画呢？

古代民间流行在节庆时贴年画，表达人们辟邪除灾、迎祥纳福的美好愿望。这一习俗至今在全国，尤其是在广大农村依然流行。历史上，四川绵竹、天津杨柳青、山东潍坊杨家埠、苏州桃花坞的木版年画最为著名，被誉为中国“四大年画”。

著名弹词曲目《三笑》，讲的也是唐伯虎的故事，人们为什么如此喜爱唐伯虎呢？

人们喜欢唐伯虎，除了因为他诗文书画方面的成就，也跟唐伯虎潇洒豪放的个性有关。唐伯虎曾自称“江南第一风流才子”，他的《桃花庵歌》中，有一句著名的诗句“别人笑我太疯癫，我笑他人看不穿”，鲜明地表达了他愤世嫉俗、不惧世人眼光的生活态度。如此的才气、傲气，令人钦佩，人们对他的故事百说不厌、百读不倦。

课外活动

1. 去唐寅故居参观，找一找其中的历史痕迹，了解更多关于这位“江南第一风流才子”的故事。

2. 查阅资料，了解桃花坞木版年画的制作技艺，有条件的可以尝试自己做一做。

拙政园历史文化街区及周边关键词

★ 东北街、园林路、潘儒巷、仓街

★ 拙政园、苏州园林博物馆、狮子林、苏州民俗博物馆

★ 王献臣、蒋棨（qǐ）、天如禅师维则、吴钟骏、张士诚

第三单元

拙政园历史文化街区及周边

1 东北街上有名园

苏博士导读

同学们，如果让你给外地的朋友推荐苏州的景点，你最先想到的是哪里呢？

当然是拙政园啦，园林是苏州的代表，拙政园又是园林的代表！

拙政园里亭台楼阁交相辉映，花草树木错落有致，水中有画，画中有景，真是让人流连忘返。

拙政园是世界文化遗产，里面曾经住过很多名人，比如造园主王献臣、太平天国忠王李秀成。

看来，大家对拙政园都很熟悉了。拙政园不仅景美，而且每一处景点，都有着深厚的文化底蕴和历史积淀。今天，我们就一起，走入拙政园历史文化街区，访一访这里的美景和故事。

苏博士课堂

东北街位于苏州城东北隅，东起娄门桥，西至跨塘桥。别看东北街名字现代，实际上，它也是一条老街。明朝时，因街上有迎春坊，故又称“迎春巷”。迎春坊也是宋前六十古坊之一。

东北街上曾有很多深宅大院，如清代著名“两元”（会元、状元）韩菼（tǎn）的故宅、敬彝堂严宅，以及三国时郁林太守陆绩的故宅，陆氏后裔、唐末文学家陆龟蒙，也曾在此居住，清末又有李鸿章居于此……当然，对于现在的我们来说，这里最著名的，当属江南古典园林的代表——拙政园了。

拙政园是苏州的名片之一。其独具江南特色的园林景观、高超的造园艺术让人惊叹，深厚的历史文化底蕴尤其令人向往。如文人画家文徵明参与造园的雅事，造园主王献臣的“拙政”思想，他的儿子一夜豪赌将园子输掉的憾事，以及之后其屡换园主、几度分合的传承历史……留下了太多诱人探寻的遗迹和典故。

拙政园建成之后，名气甚大，令历代官绅垂涎。明崇祯初，侍郎王心一买了园子的东部，重新修葺后，取名叫“归田园居”，作为他父亲的养老之处。清初，当时诗坛有名的“盟主”钱谦益曾隐居于园内曲房。顺治年间，园又被海宁的陈之遴购得。陈将园林整修得极为华丽，其中最为人称道的，是园中名贵的山茶树，令拙政园再一次名声大噪。

康熙时，拙政园曾归官府所有，不久，又被吴三桂的女婿王永宁所得。乾隆初，园中部为太守蒋棨所有。蒋也将园子重新整修一番，恢复了旧观，故名“复园”。蒋棨之后，拙政园仍未逃脱屡换主人的命运，直到中华人民共和国成立后，才被收归国家。1961年，拙政园成为首批全国重点文物保护单位。

1992年，拙政园西部的原住宅部分，修建成了苏州园林博物馆，这是中国第一座园林专题博物馆。2007年，为纪念苏州古典园林列入《世界遗产名录》十周年，在原馆址东部区域，建成开放苏州园林博物馆新馆。

新馆设有序厅、园林历史、园林艺术、园林文化、园林传承等五大展厅，以苏州历代名园为例，向游人展示着苏州古典园林的丰厚内涵和艺术魅力。

拓展问答

苏博士，再给我们讲讲，拙政园里文人雅士的故事吧！

“复园”时期，流传着一个“诗仆商山子”的故事。商山子本是蒋棨家的奴仆，出身贫苦，12岁就卖身为奴。后来当了小主人的伴读书童，一边侍候笔砚，一边跟着学习。十多年后，经过不断努力，学问竟超过了主人，自号“商山子”。袁枚曾作《商山子歌》赞美他的学问和品德。

以前，文人都喜欢在拙政园里聚会雅集，现在拙政园中还有什么好玩的活动吗？

同学们有没有注意到一个细节呢？拙政园中园的建筑物名，大都与荷花有关，这体现了园主“出淤泥而不染”的精神寄托。现在，每年的夏季，拙政园都会举办传统特色项目——荷花节，人们在欣赏“青荷盖绿水，芙蓉披红鲜”的美景时，也遥寄几分对造园主的怀念。除此之外，拙政园还会在每年春季举办杜鹃花节，秋季举办菊花展。

课外活动

1. 查阅资料，并去东北街实地走一走，探寻这里还曾有哪些名人留下过踪迹。

2. 参观苏州园林博物馆，了解苏州古典园林的发展历史。

2 园林路与神道街

苏博士导读

苏博士，东北街走完了，今天该去哪里了呢？

走出了拙政园，当然应该去隔壁的狮子林走走啦！

乐乐真聪明。狮子林和拙政园相距不远，同属苏州四大名园，而又各具特色。如果说，拙政园是园林中“园”的代表，狮子林就是“林”的代言人。而且，它不仅是“狮子”之林，还是一座禅林——禅林就是佛教中的寺院。这是怎么回事呢？今天，我们就一起到园林路上走一走，听一听这座充满禅意的“假山王国”的故事。

苏博士课堂

园林路位于东北街西段南侧，北起东北街，南至白塔东路。这条路原本的名字叫“神道街”，因在狮林寺之前而得名。而在苏州古城景德路东段南侧，也有一条神道街，因此，苏州城在相当长的一段时间内，是有两条神道街的。后来，园林路进行了拓宽，因为靠近大名鼎鼎的拙政园和狮子林，便更名为园林路。

园林路上最有名的，便是以“假山王国”著称的狮子林了。狮子林里的湖石假山精美绝伦，亭台楼阁独具韵味。不过，狮子林与其他园林最大的不同，在于它原本是一座寺庙——是由元代天如禅师维则的弟子兴建，供天如禅师讲经诵法用的，最初名字叫“狮子林

寺”。也就是说，狮子林从建成之日起，就是一座禅林。后来，时光流逝，朝代更迭，狮子林也几经兴衰变化，而历代的兴修重建，不变的宗旨是，其传统造园手法与佛教思想的相互融合。到了近代，贝氏家族又把西洋造园手法引入园中，使其成为融禅宗之理、园林之乐于一体的寺庙园林。“五复五反看不足，九上九下游未全。”这是清代大学者俞樾对狮子林的赞誉，充分说明了狮子林令人百看不厌、意犹未尽的独特魅力。

狮子林名气大，南侧的狮林寺巷就因其而得名。狮林寺巷里，原本有一座苏州国宝钱币博物馆，里面展出国内外历史上各种各样的钱币，其中，我国最早的货币——大海中的贝壳最为吸引人。现在，钱币博物馆已搬到了东北街上。狮林寺巷里还有一座控保建筑——德裕堂张宅。古宅建于清代，现存两厅，保留了清朝宅院建筑的特色，梁檩（lǐn）彩绘隐约可见，梁底细雕值得细品。

狮子林东侧，还有一座苏州民俗博物馆。这是全国第一家都市民俗博物馆，馆中展示了姑苏人家婚、寿、食、节等民风民俗，去里面走走看看，可以了解我们古城苏州更多的风土人情呢！

拓展问答

景德路上的神道街，名字由来有什么说法吗？

和园林路曾得名“神道街”的原因类似，景德路上的神道街前也有一座寺庙。这座寺庙宋代时叫雍熙寺。明初，人们在雍熙寺的旧址上建城隍庙，这条街也就改名神道街了。神道的意思是“神行之道”，城隍庙里供奉的是神灵，它前面的街，自然就是神行之街了。

据说，历代有很多文人、画家为狮子林题诗作画？

是的。狮子林建成后，天如禅师维则曾作诗《狮子林即景十四首》，描述当时的园景和生活情景。那时就有许多诗人、画家来此参禅，所作诗画列入《狮子林纪胜集》。明洪武六年(1373)，73岁的大书画家倪瓒(号云林)途经苏州，曾参与造园，并题诗作画(绘有《狮子林图》)，使狮子林名声再度大振，成为文人赋诗作画之胜地。历史上，除了倪云林，明代著名画家徐贲、杜琼，清代的王翚、恽南田、方琮、钱维城等人，都画过《狮子林图》。

听说乾隆皇帝对狮子林情有独钟，留下大量题字和御制诗？

是的。乾隆皇帝非常喜欢狮子林，六次下江南均到此一游。他第一次游狮子林时题写的五言诗《游狮子林》，现在就刻在狮子林里面的御诗碑上，感兴趣的同学可以去找找看。

课外活动

倪云林（款）《狮子林图》现藏于故宫博物院，不过，我们也可以在狮子林里看到复制品哦。去狮子林实地探访吧，对比图片和实景，看看现在的狮子林中，还能找到当年的景点吗？

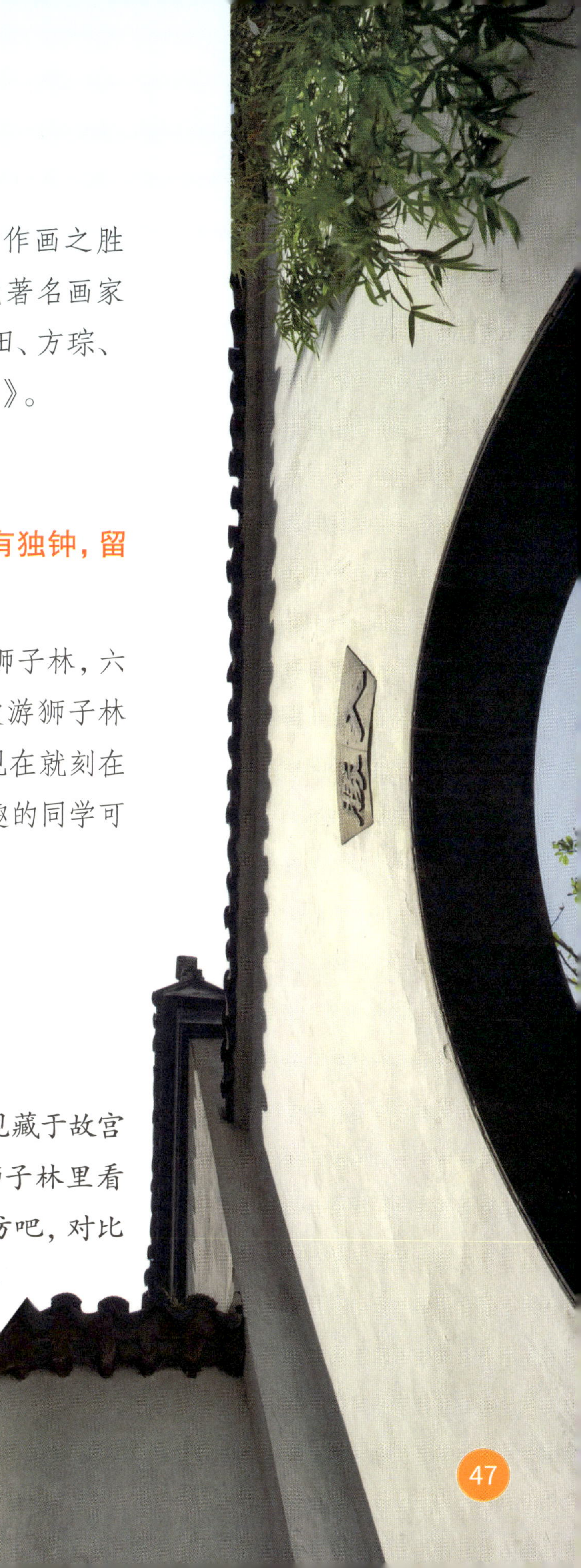

3 古韵寂寥潘儒巷

苏博士导读

连续听了两座古典园林的故事，苏博士，今天我们要去哪里参观呢？

今天，我们继续沿着园林路往北走，来到狮子林北侧的潘儒巷。这也是苏州城里一条赫赫有名的小巷哦。

苏博士课堂

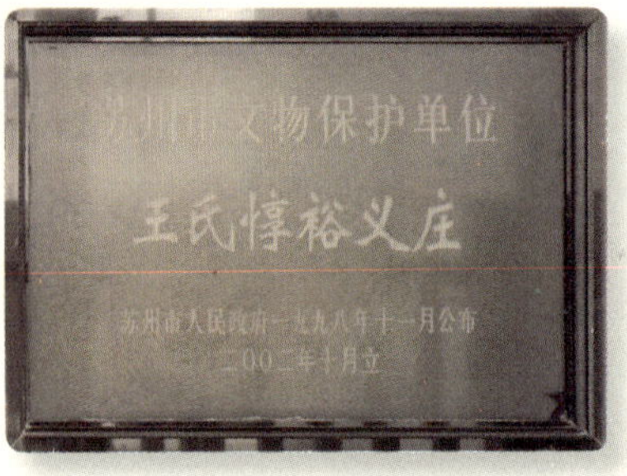

潘儒巷位于临顿路北段东侧，东至平江路，西出临顿路。这条全长仅四百余米的小巷，已有千年历史，巷中有不少古建筑，诉说着往日人家的历史兴衰。

宋代，有位户部员外郎章綡（jīng）住在这里，他曾在附近造了一座章家桥，所以，这条巷子就取名“章家桥巷”。元末，张士诚的女婿潘元绍，曾在此居住，巷名遂改为“潘氏巷”。到了明代，又有富人潘时用居于巷内，巷名又改为“潘时用巷”。潘时用搬离后，又恢复了原来的名字“潘氏巷”。在苏州话中，“氏”与“儒”发音相似，慢慢地，潘氏巷就变成了潘儒巷，温文尔雅的巷名沿用至今。

潘儒巷内，狮子林的石库门，至今尚存，是狮子林的原门堂，现在作为后门使用。清道光年间，状元吴钟骏曾在巷内居住。民国年间，宅第被伤科医生闵采臣购得，所以后来又称“闵采臣宅”。

吴钟骏青年时家里很贫穷，靠做教书先生维持生活。相传，他去参加科举考试的钱，都是朋友们帮忙凑齐的。吴钟骏生平没有别的爱好，只喜爱藏书。当官之前，他常常借钱买书。买不起书时，便借书抄录，终日不辍。

潘儒巷中还有王氏惇裕义庄旧址。义庄是王鏊的后人所建，设义田作为家族公产，用来周济族人和附近的贫苦百姓。除此之外，这里还曾有王笑山故居、胡家祠堂、永灵庵等。

旧时，潘儒巷最为著名的是眼目司堂。眼目司堂祭祀的是梁代新安太守任昉，民间奉其为土谷神。据说，宋朝时堂内有紫荆树，树的枝叶可治疗眼病。清初，某亲王曾带兵驻扎在这里，不知为何，军士多患眼疾，情况非常危急。亲王听说这里曾是眼目司堂，便找到堂内紫荆树，折枝煎水，军士们以之清洗眼睛后，果然都痊愈了。人们听说了这件事，便出资重建寺庙，香客络绎不绝，香火日趋旺盛，连潘儒巷都因此而闻名乡里。

拓展问答

听说，潘儒巷的苏式传统美食也很有名？

是的。曾经在苏州民俗博物馆开设展区，展示苏式饮食文化的菜馆——吴门人家现址就在这里。很多苏州人早上喜欢来吃一碗苏州面条，再来点早茶、点心。除了早茶，吴门人家的苏帮菜也是一绝，店内还有建筑大师贝聿铭亲笔题写的“天珍海味”。感兴趣的同学可以去看一看，品尝原汁原味的苏州美食。

这里的路面看起来很特别，有什么讲究吗？

你们看，这些砖两两拼在一起，像不像一个“人”字？这是用砖砌的“人”字形街面，是江南园林花街铺地

“仙鹤”铺地

“五福（蝠）捧寿”铺地

中的一种类型，我们在园林里常能看到，古朴雅致，整齐洁净。不过，现在已经很少见于园林外的路面了。

花街铺地是古典园林艺术中的一种重要形式。上面讲到的“人”字形纹路街面属于素面纹型，苏州园林里，还有很多以瓦片、瓷片、卵石等拼成各种图案的，色彩丰富、寓意深远的织锦纹型街面，如仙鹤、海棠花图案，“五福（蝠）捧寿”“连（莲）年有余（鱼）”等吉祥寓意图案。感兴趣的同学可以去园林里找找看。

课外活动

去潘儒巷实地走一走，看看巷内还保存下来多少古时的建筑。别忘记拍照、做笔记哦！

4 张士诚的粮仓——仓街

苏博士导读

跟着苏博士，走在寻常的小巷之中，仿佛能穿越时光。

你说得真好，今天苏博士带我们去哪里穿越时光呀？

今天去一条和仓库有关的街巷。

是不是相门那边的仓街？

没错，大家还记得吗，上节课我们讲到，张士诚的女婿曾住在潘儒巷，而今天的仓街也跟张士诚有关。

苏博士课堂

仓街连接了拙政园历史文化街区和平江历史文化街区，和平江路平行，南起干将东路，北穿白塔东路、东北街至娄门横街，是一条遍布历史遗存的老街。

“仓街”这个名字和“仓库”有关。元朝末年，江南一带的起义军首领张士诚，带领义军攻下平江（今苏州）、松江、常州之后，即定都平江，自称吴王。

与张士诚同时起义的朱元璋，在打败其他起义军之后，要一统天下，便派兵攻打平江。两军交战，难分胜负。朱元璋想了个法子，命大将徐达把平江城团团围住，要使城内粮尽草绝，好叫张士诚不战自降。

面对重重包围，张士诚带领士兵开辟了南园、北园的荒地，发动军民种植水稻，以满足军民的生活需要。又在城东片荒地上建起了多个仓库，用来储存粮食。于是，就有了“仓街”。

朱元璋建立明朝以后，南园、北园依然种植水稻，这里的仓库也依然存在。清代官府的粮仓也修在此处，这里就成了名副其实的“仓街”了。

清末民初，仓街北端是丝织手工业的集中地，热闹非凡。机户、工匠以及做丝绸生意的商人，来来往往，都在此为丝绸而奔忙。那时的仓街，无论白天黑夜，机杼声声，不绝于耳。当时的机户有“大叔”“二叔”“三叔”之称。大叔是指自己有机，有原料，能雇工进行生产；二叔则是自己有机，专门接来料加工的活；三叔就是出卖劳动力的雇工。

仓街的南端一度十分荒凉，街上没有商店，连一家饮食店都没有，民谚有“饿煞仓街”之说。中华人民共和国成立以后，商店渐多，设有振亚丝织厂等，有工人上千，街上行人、车辆川流不息，留下了无数丝绸工人的足迹。

拓展问答

听说仓街上还有很多古井？

是的。旧时，苏州人家只要有条件的都凿井，官府也会根据需要在城中挖公井，有些富人为了行善，也会凿义井。苏州城内现在还有不少古井遗存，仓街是苏州城区现存老井最密集的街道。其中有两眼相依相偎的“义井”，井壁上刻有“民国二十三年”“留韵义井·沈惺叔”等字，是保大钱庄老板沈氏捐建的；还有一口“洙泗泉”，传说读书人饮用此井之水，有助于科举考试高中进士。洙泗即洙水和泗水，因孔子曾在洙泗之间讲学，后世便以“洙泗”代称孔子及儒家。巧的是，在苏州方言里，“井水”与“进士”的读音相近。

洙泗泉井

上节课，在潘儒巷东段的石家角，似乎看到一个义仓旧址，这个义仓是否也曾是粮仓呢？

没错，那是丰备义仓旧址，传说是清代道光年间，江苏巡抚林则徐创办的，用以积谷备荒，所谓“以丰岁之有余，备荒年之不足”。由于“丰备义仓”作用巨大，实现了灾年不荒，林则徐又在长洲、元和、吴县等地，续修了民办公助的救灾仓库，被称为“长元吴丰备义仓”。

课外活动

去仓街走一走，数一数这里还有多少个古井遗迹。

社会实践课 游览拙政园历史文化街区

苏博士去哪儿

了解了拙政园历史文化街区里的故事，大家来说一说，你们最感兴趣的是哪里呢？

我想去拙政园里找一找历代园主留下的痕迹，一定很有意思。

我想去潘儒巷走一走，看看狮子林的石库门。

我想再去看一看狮子林里的石狮子，现场感受俞樾笔下的“五复五反看不足，九上九下游未全”。

苏州的园林独具特色，令人向往。那么它们的魅力从何而来呢？今天，苏博士就先带大家去园林博物馆参观，现场学习、感受苏州古典园林的建园历史、建造艺术和文化魅力。了解了这些知识，相信大家再去园林参观，一定会更有收获的。

微旅游路线推荐

苏州园林博物馆参观路线

序厅（双面绣作品《李可染绘〈拙政园图〉》）——园林历史厅——园林艺术厅（造园手法、理水、花木、叠山、建筑）——园林文化厅——园林传承厅

同学们也可以根据自己的喜好，设计属于自己的微旅游路线图哦！

拙政园历史文化街区游览路线

东北街（拙政园、苏州园林博物馆、苏州国宝钱币博物馆）——园林路（狮子林、苏州民俗博物馆、王氏惇裕义庄）——潘儒巷（狮子林石库门、吴门人家、吴钟骏故居、丰备义仓旧址）——狮林寺巷（德裕堂张宅、古代科技展示馆）

完成微记录

选择一种完成

1. 制作“游览拙政园历史文化街区手抄报”：

（1）手绘游览线路图；

（2）拍摄美景照、精彩瞬间；

（3）设计游览手抄报，为每张图片配上一两句解说词。

2. 写一篇“苏州园林博物馆参观日记”：

（1）记录自己今天的旅行路线；

（2）记录自己参观园林博物馆时的所见所想；

（3）为苏州园林博物馆设计一句宣传语，越简短越好哦！

怡园历史文化街区及周边关键词

★ 怡园里、马医科、观前街、太监弄、邵磨针巷

★“吃煞太监弄”；苏州本帮菜

★ 最早的民间慈善组织——范氏义庄

★ 吴宽、马培之、沈寿、潘奕隽、汪雄飞、范仲淹

第四单元

怡园历史文化街区及周边

1 “消失”的尚书里与铁瓶巷

苏博士导读

听说，小美去怡园参加古琴雅集了，感觉如何？

感觉太棒了，现场听了几位老师弹琴，真是余音袅袅，绕梁三日！

听说，苏州很有名的吴门琴社，就是在怡园的坡仙琴馆里成立的，后来，吴门琴社的社员们，还一直定期在那里雅集表演。

是的，自怡园建成之日起，历代主人都很喜欢在此举办琴会、画会等雅集活动，这座小小的园林也因此而名满江南。今天，我们就一起走进怡园历史文化街区，听一听这里的历史故事。第一站是怡园里。

苏博士课堂

怡园里自然是因为在怡园边上而得名。百年来，人们津津乐道的，是怡园主人顾文彬和他的过云楼往事，怡园的小巧精致、博采众长……再往前追溯，这座园林的“祖上”也是颇有名望的。

清末，时为浙江宁绍道台的顾文彬，想为自己心爱的书画收藏寻一个落脚之处，便买下了明代尚书吴宽的旧宅，在此修

建过云楼。那时的主角是过云楼，怡园只是过云楼的后花园。而那时的“怡园里”还叫“尚书里”，这个巷名，纪念的是明代尚书吴宽。

吴宽自幼聪明好学，长于诗文，青年时在乡里已负盛名。成化八年（1472）连中会元、状元，成为明朝苏州的第二位状元。他学识渊博，为人敦厚，皇帝便将他留在宫中，做太子朱祐樘（即孝宗弘治皇帝）的老师。朱祐樘即位后，吴宽官至吏部右侍郎。这年，吴宽的继母逝世，他赶回苏州料理丧事，在家守孝三年。

按照惯例，吴宽离职后应有人补缺，但皇上却不派人去补，留着空职，专等吴宽回京后续任。吴宽回到京城，又做了太子朱厚照（即武宗正德皇帝）的老师，后升任礼部尚书。此时，吴宽在朝廷的威望已经很高了，深受皇帝和官员们的尊重。七十高龄时，他身体不适，几次要求引退，皇帝都没有同意，后死于任上，追封为太

子太保，谥号文定。

吴宽不仅官做得好，字也写得好，擅长正楷、草书，对稍后的祝允明、文徵明、唐寅等人的书法都有一定影响。此外，吴宽还是一位藏书家，有藏书楼“丛书堂”，收藏古籍甚多。

吴宽逝世后，为了纪念他，苏州人便将他旧居所在的修竹巷改名为“尚书里”。1972年，因与十全街的尚书里重名，便改为“怡园里”了。

巧的是，在“消失”的尚书里附近，还有一条消失的小巷——铁瓶巷。

铁瓶巷在怡园里南侧，现已并入了干将西路，铁瓶巷也就仅存其名了。关于巷名的来历，有个民间传说。

唐代，有个仙人路过此地，突然感到口渴，便取了随身携带的铁瓶喝酒解渴。酒喝光了，仙人又感到一阵困意来袭，就把铁瓶当作枕头，在巷内睡了一觉。醒后腾云而去，竟将铁瓶留在了巷内。由此，这巷子就叫“铁瓶巷”了。

相传，此铁瓶一直留在巷内，传至明代，为汪家所有。汪家是读书人家，因为有了铁瓶，就将书房取名为“铁瓶书屋”。

不论是吴宽的“丛书堂”，还是传说故事中的“铁瓶书屋”，这苏州城内并不起眼的一隅，似乎总是与书有着千丝万缕的关系。顾文彬选择在这里建筑他的藏书楼，可说是顺理成章了。

拓展问答

苏博士，能给我们介绍一下怡园琴会吗？

怡园建成时即有古琴教学和交流活动，顾鹤逸曾在怡园设立过西津琴社，琴事延续已一百多年。1986年，吴门古琴宗师吴兆基先生及其学生裴金宝，与吴地著名琴家徐中伟、叶名佩两位先生，共同发起组建了吴门琴社，从此，怡园雅集成为吴门琴社的一项固定活动，持续至今。

课外活动

1. 去怡园参加一场琴会吧，感受古琴的悠扬与怡园的雅致。

2. 参观园林之余，再去怡园周边走一走，看看是否还能找到尚书吴宽留下的踪迹。

2 以医科为名的小巷——马医科

苏博士导读

苏博士，今天我们要去走访哪条街巷呢？

在怡园历史文化街区内，有一条与中医有关的小巷，这里庭园遗迹众多，有俞樾的曲园、沈寿的绣园、潘奕隽故居等，苏州人俗呼它为“蚂蚁窝巷”。你们猜出是哪条巷子了吗？

是马医科！

苏博士课堂

马医科原名流化坊，为宋前六十古坊之一。东起人民路，西至永定寺弄。相传，因南宋马杨祖在此设立药局而得名，也有说法是，因清代御医马培之在此挂牌行医而得名——总之，这是一条与中医有关的小巷。

马培之被誉为“江南第一圣手”，祖上自明代马院判起即世代行医。他自幼随祖父——名医马省三习医，尽得其学；后又博采众医家之说，融会贯通。他为晚清著名学者俞樾治病的经历，使其医名大噪。当然，真正使他名震四方的行医经历，是他治愈了慈禧太后的顽疾。

光绪年间，慈禧太后染上奇病，御医日日进诊，屡开良药，竟不

马医科

见好转。于是，光绪帝下旨命人仔细寻访名医奇士。经官府推荐，马培之便应诏进京，为慈禧太后治病。

其时，关于慈禧之病，众说纷纭。到了京城之后，马培之先四处拜会朝廷大臣、皇室亲友、御医等人，向他们打探慈禧太后的病情。经过这一番了解，马培之心中有了数，随后，他才正式进宫，为慈禧太后看病。

因为准备充分，在为慈禧太后切脉时，马培之成竹在胸，对症下药。慈禧服药之后，奇病渐愈，一年后，基本康复。马培之由此深得慈禧太后的信任，在京城留了很久，不仅被封了个三品官，还得到慈禧亲笔书写的“福”字和“务存精要”匾额。

此番经历，让马培之真正成了名闻天下的“江南第一圣手”。在京期间，向他求医者还有左宗棠、翁同龢（hé）等显赫人物。后来，马培之向慈禧太后请辞返乡，沿途所到之处，无不受到当地人的厚礼相待。

马医科巷内庭园遗迹也有很多，如俞樾的曲园、沈寿的绣园，还有“贵潘”家族进士第一人潘奕隽故居等。

如今，走进马医科巷，会发现这里虽处在古城的闹市区，却有不事雕琢的朴实。斑驳的民居外墙，简易的小摊铺，人头攒动的菜市场……姑苏人家生活的本来面貌，就这样展现在眼前。

沈寿仿真绣作品《济公像》

拓展问答

听说，苏绣大师沈寿的名字，也跟慈禧太后有关？

是的。沈寿原名沈云芝。光绪年间，沈云芝与她的丈夫——画家余觉，夫画妻绣，画绣结合，作品超群，在江南一带很有名气。慈禧七十大寿时，由余觉设计画稿、沈云芝绣制的刺绣作品，作为寿礼上贡，慈禧十分喜爱，亲笔书写了“福”“寿”两字，赠予他们。自此，余觉即更名为余福，沈云芝更名为沈寿。

慈禧还下令成立了女子绣工科，任命余觉为总经理，沈寿为总教习。沈寿的绣名迅速闻名天下，被誉为“神针”，沈寿也成为我国历史上第一个朝廷绣品女官。后来，沈寿夫妇还借了马医科巷内的庞氏居思义庄，即清末词人郑文焯（zhuō）的讴（ōu）园旧址，创办了刺绣学校，这里也就成了“绣园”。

潘奕隽也是苏州有名的藏书家？

是的。苏州“贵潘”家族世代藏书，代代都有出色的藏书楼，尤其是潘承厚、潘承弼（bì）的宝山楼，在苏州乃至全国都很有名。而他们的藏书史开端，便是潘奕隽的三松堂。潘奕隽在乾隆二十七年（1762）中举，一洗其祖父连续十三科不中的郁闷，接着，于乾隆三十七年（1772）考中进士，首开潘家金榜题名的纪录。但是，潘奕隽做官不久就申请返回故里，从此醉心于赏书品画，建三松堂专事收藏古籍善本，与同时代的大藏书家黄丕烈等齐名。

课外活动

在怡园历史文化街区内，还有鹤园、听枫园等园林。实地探访怡园历史文化街区，别忘记拍照记录，回家后手绘一幅游览地图，重要的景点可特别标注哦！

3 姑苏繁华缩影——观前街

苏博士导读

上节课，我们讲到了马医科的名字与中医有关，你们知道吗，在人民路的另一侧，几乎与马医科隔人民路相望的观前街前，也有一条与中医有关的街巷，它就是邵磨针巷。今天，我们就越过人民路，到观前街及其附近的街巷里走一走。

苏博士课堂

观前街旧照

观前街位于苏州城中心。众所周知，观前街是苏州城内最热闹的一条街。

观前街因位于玄妙观之前而得名。玄妙观初建于西晋年间，后几经毁损、修复，现存主殿三清殿。三清殿建成于南宋年间，是苏州仅存的一座南宋木构殿宇式建筑。玄妙观内保存有大量古碑，其中有老君像石刻，为唐吴道子绘像、唐玄宗题赞、唐颜真卿书，

俗称“三绝碑”，为玄妙观镇观之宝。

观前街之所以吸引人，还与其周边街巷有关，尤其是太监弄和北局，与繁华的观前街相得益彰。太监弄是观前街南面与之平行的一条小巷，以饮食店集中而闻名，苏州人素有“吃煞太监弄”之说。

太监弄的由来，与苏州盛产丝绸有关。历史上，苏州出产的丝织品最为著名，明朝时，皇帝在苏州设立了织造局，也叫“北局”，专门管理苏州的丝织业，地址就在今天开明戏院边的小公园一带。被派来苏州监管织造局的太监就居住在织造局附近，时间长了，人们就把他们所居住的这条街称为“太监弄”了。

20世纪二三十年代，太监弄进行了拓宽，这里便成了苏式美食店的集中地，深受美食家的青睐。今天，太监弄已成为苏州的一张美食名片，云集了苏州众多本帮菜的老字号。松鹤楼、得月楼、新聚丰、王四酒家等，均是一流名店。

而我们前面提到的邵磨针巷，则是一条与观前街和太监弄垂直的小巷。据考证，这个巷名

源于巷内有一家邵氏磨针作坊。

这个邵氏磨针作坊里磨的针，可不是“慈母手中线，游子身上衣”诗句中的缝纫之针，而是大夫针砭理疗病人所用的针灸之针。针灸，是中国古代医学的重要成就之一。

邵师傅磨的针，形制非常复杂，名曰“九针”。每针形状各不相同，用于针灸的部位也各有区别。治疗什么疾病，选用什么样的针，都很有讲究。针是一点点磨出来的，看“九针”的形制，别说古代，现代人要打制一套，也不是轻松的事情。说它是古代最精密的医疗仪器，一点也不为过。

观前街区小巷林立，各有特色。古时的繁华之地，今天仍在诉说着苏州城热闹而充满烟火气息的人间故事。

拓展问答

听说，玄妙观里有一座无字碑也很有名？

耸立在三清殿东边的无字碑，原本是有字的，碑文是明代大文学家方孝孺所写。后来，燕王朱棣（dì）谋权篡位，自称永乐帝，要方孝孺为他起草登基诏书。方孝孺一身硬骨

头，誓死不从，被朱棣残忍杀害，方氏十族被株连，最终，连这篇碑文也被铲除干净，成了一块无字碑。此碑虽无一字，却“无字”胜“有字”，永远地控诉着朱棣的凶暴。

太监弄东边的碧凤坊里，也有很多美食店，听说这里还走出了一位评弹名家？

他就是“活关公”汪雄飞。汪雄飞是地地道道的苏州人，从小就跟着父亲学说《三国》，13岁就登台演出。他说的《三国》引人入胜，尤其是关公、张飞的形象最为生动传神，有“活关公”“活张飞”之美誉。

课外活动

去碧凤坊及周边尝尝苏州地道的小吃和苏帮菜吧！

4 古代慈善楷模——范氏义庄

苏博士导读

“先天下之忧而忧，后天下之乐而乐……”

这句千古名言出自范仲淹的《岳阳楼记》，乐乐，你最近文学修养见长啊，怎么突然背起古文了？

昨天，我在文庙里上了一节《千字文》课，老师还给我们讲了范仲淹创办府学的故事。范仲淹真是太伟大了，我们苏州人都应该感谢他！

我还听说，范仲淹不只在苏州办了府学。他做过很多地方的行政长官，每到一处任职，他都提倡办学，为社会培养了无数的人才。

你们说得没错，范仲淹不仅自己苦读成才，给后世留下了无数的名篇佳作，还大力发展教育，由他创办的府学，开创了北宋一代兴学之风。不过，你们知道吗，范仲淹对世人的贡献还不止于此，他在慈善史上，也留下了浓墨重彩的一笔。今天，就给大家讲一讲范仲淹创办慈善义庄的故事。

苏博士课堂

范庄前位于人民路中段西侧，东起人民路，与因果巷相对，西接河沿下塘。宋时名“芝草营巷”，后因范仲淹在此办义庄而得名。如今，在范氏义庄旧址——苏州景范中学内，设有范仲淹史迹陈列馆，馆内陈列有范氏义庄出土的大量珍贵碑刻，对后人了解、研究义庄、义学原貌具有极高的史料价值。

苏州是范仲淹的故乡，他一生从政三十余年，也曾在苏州为官。虽然范仲淹本人的主要政绩不在苏州，但他为家乡的父老乡亲做了一件开天辟地的大事，让历史永远记住了这精彩的一笔。

宋仁宗皇祐二年（1050），时任杭州知州的范仲淹，让人在苏州近郊买了千亩良田，建了义庄。所谓“义庄”，就是古代大家族买下来接济族人的田庄。因是慈善机构，故以“义”为名。这个田庄的收成，都用来帮助苏州亲族中的贫困之人，使他们“日有食，岁有衣，嫁娶凶葬皆有赡”。

范氏义庄开了中国封建社会义庄制度的先河，在历史上产生了广泛而深远的影响，是范仲淹“先忧后乐”思想的一种具体体现。

范仲淹创办的范氏义庄，是中国历史上第一个记录在册的、非宗

教性质的民间慈善组织，延续长达八九百年。一个民间的、家族性的慈善机构，能够延续如此之久，与其严格的管理制度、科学的运行机制是分不开的。范氏义庄对于田产运营、仓房管理、钱款领取，以及虚报冒领的处罚等，都有细致的规定，足以为当今的民间慈善机构提供借鉴。

范氏义庄并不仅仅是慈善机构，它还极力发展教育，力图通过教育来帮助族人摆脱贫困。在后世，尽管范氏义庄几经沉浮，但都因为范氏宗族重视教育，人才辈出，而得以留存。所以，一直到清朝宣统年间，范氏义庄仍有田产五千多亩，可谓“史无前例”。

在民间，由于范仲淹的首倡带动，范氏义庄成为古代宗族建设的旗帜和历代世家大族学习的楷模。在苏州，甚至全国，纷纷出现了类似的义庄。如今，在苏州城内还保留了相当数量的义庄遗迹，如，位于平江路钮家巷巷口的董氏义庄，位于悬桥巷的潘氏松麟义庄、丁氏济阳义庄，位于山塘街的汪氏义庄、鲍氏传德义庄等，数量之多，面积之大，可谓独步全国。

拓展问答

听说，范庄前以前还叫作“篦箕街”，这其中有什么故事吗？

没错，这个名字，据说也跟范仲淹有关。

相传，范仲淹在苏州街头看到街巷尽是泥土路，路上坑坑洼洼的，尤其是下雨天，老百姓走路十分不便，一不小心，就被烂泥浆溅了一身。他想为老百姓做件好事，就筹集资金，购买石料，组织人力，砌成了两条石板街。因状似簸箕，老百姓就称其为“簸箕街”。事隔不久，有人告到了朝廷，说范仲淹在苏州砌了簸箕街，企图与朝廷分庭抗礼。原来，在封建社会，这种簸箕形的石板街，只能砌在皇宫前，其他地方是不准砌的，砌了就违反王法，要杀头。皇帝将范仲淹召去，要范仲淹把簸箕街拆掉，范仲淹不答应。皇帝说：“留街不留头，留头不留街，你自己选择吧。”范仲淹说：“我已经考虑好了，就是留街不留头，由陛下处置吧。”毕竟范仲淹的声望很高，还有许多大臣为他说情，皇帝也不想因为一条街就杀掉一位忠臣，最后，范仲淹没有被杀头，街也留了下来。

课外活动

查阅资料，了解更多范仲淹的生平故事，制作一张“范仲淹小传”的专题小报，与好朋友分享你的作品。

社会实践课　观前街深度游

苏博士去哪儿

昨天，我和爸爸、妈妈去观前街逛街买东西，在碧凤坊吃了很多美食。

碧凤坊的小吃店很多，不过，如果想要吃到正宗的苏帮菜，要多走几步到太监弄，那里的得月楼、松鹤楼、新聚丰，都是很有名的老字号。

我最喜欢吃得月楼的松鼠鳜鱼，酸酸甜甜、酥酥脆脆，非常美味！

看来，大家都对观前街的美食印象深刻，但可别只顾着吃了哦！今天，苏博士就带大家到观前街走一走，品味它的文化底蕴与独特美味！

微旅游路线推荐

观前街深度游线路

观前街（玄妙观）——东脚门——太监弄（苏帮菜）——北局（观前公园）——邵磨针巷——富仁坊巷——宫巷——碧凤坊（美食）——慢书房

同学们，你们也可以设计属于自己的观前街特色游览路线，赶紧出发吧！

观前街美食之旅线路

观前街（陆稿荐、叶受和、黄天源、采芝斋）——太监弄（五芳斋、新聚丰、松鹤楼、得月楼）——碧凤坊（朱鸿兴、绿杨馄饨、川福楼）

完成微记录

选择一种完成

1. 制作“观前街美食名片”：

（1）手绘观前街游览线路图；

（2）在线路图中加上“美食坐标”；

（3）组织小伙伴，举办一场观前街美食名片分享会。

2. 制作“观前街深度游短视频”：

（1）重点选择一条你喜欢的街巷，拍摄视频素材；

（2）为你的观前街深度游视频设计、制作一个精彩的片头；

（3）剪辑视频，加入文字或音频解说，制作成一段带有音乐、片头的观前街深度游短视频。

山塘历史文化街区关键词

★“中国历史文化名街”

★“七里山塘”；白居易

★ 山塘雕花楼、古戏台、玉涵堂、五人墓

★ 中国南社纪念馆；张国维

第五单元

山塘历史文化街区

1 姑苏第一名街——山塘街

苏博士导读

已经走过了这么多的街巷里弄，我有个问题要考考大家：你们知道，苏州城里，古建筑和文物最多的是哪一条街吗？

是不是跟我们今天要去的地方有关？

一定是山塘街！山塘街在唐朝就建好了，那里又一直很繁华，不仅文人墨客喜欢去游玩，皇帝们也喜欢，据说，康熙、乾隆南巡时，都曾到过那里。

没错，听说画家徐扬创作的《姑苏繁华图》中，就画了山塘街。

大家说得太棒了！的确是山塘街。据统计，山塘街现存的文物保护单位和控制保护建筑有25处，如五人墓、玉涵堂、普济桥、通贵桥、李鸿章祠等。今天起，我们就一起到七里山塘街走一走，听一听悠悠山塘的传说故事。

苏博士课堂

七里山塘是一条河，也是一条街，更是一首诗。它是诗太守白居易留给苏州的优美诗歌，至今闪耀着诗意的华彩。在苏州众多的街巷之中，山塘街被赞誉为“姑苏第一名街”。2009年，获评“中国最受欢迎的旅游历史文化名街”，2010年，荣获“中国历史文化名街”称号。

山塘街始建于唐宝历元年（825）。这一年，大诗人白居易被任命

为苏州刺史。任职期间，白居易经常在闲暇之余去虎丘游览。他发现，虎丘在苏州城西北郊，交通十分不便，且山塘河道不畅，水患频发，影响民生。作为地方长官，白居易决定根据苏州水城的地理优势兴修水利、改善交通。他组织人力，在山塘河开凿水道，清淤排涝，筑成七里长堤，堤上铺成平坦的路，时称“武丘寺路”，后人称为“白公堤”，亦称“七里山塘”。

从此，七里山塘东面连接繁华的阊门，西面连接吴中第一名胜虎丘，无论是从水路还是从陆路，无论是骑马、坐车还是坐船，人们去虎丘游览，都十分便捷。

白居易不仅兴修水利，开河筑堤，解除了这一带的水患，还美化环境，营造风景，比如，在堤上栽种桃李，在河中种植荷莲。于是，七里山塘诗意盎然，成了游玩胜地。尤其是春、秋两季，山塘街和虎丘山上总

是游人如织。

白居易开河筑堤，可说是一个精彩的大手笔。苏州人为纪念他的功绩，在山塘街南街口处建有白居易纪念馆。白居易的塑像立在门厅正中。馆内有一幅大型的工艺画，题为“白居易为民修山塘”，吸引了不少游客驻足观赏。白居易给予苏州的，是诗意盎然的美丽，而苏州回报给白居易的，是永恒的纪念。

拓展问答

大诗人白居易修筑了山塘街，那他有没有写过与山塘街有关的诗呢？

诗人太守开河筑堤，形成了山塘街“水陆并行，河街相邻”的交通形态，这条街，也成了城内通向虎丘的要道。白居易本人对这一工程十分满意，特意为此写了一首诗：“自开山寺路，水陆往来频。银勒牵骄马，花船载丽人。芰荷生欲遍，桃李种仍新。好住湖堤上，长留一道春。”（《武丘寺路》）

听说，山塘街的雕花楼很有特色，苏博士，快给我们介绍一下吧！

山塘雕花楼原名许宅，是山塘地区罕见的古建筑，与东山雕花楼、西山雕花楼并称“姑苏雕楼三奇葩”。山塘雕花楼是一座名副其实的雕刻艺术的博览馆，作品丰富，花样繁多，如砖雕门楼上的“三顾茅庐”等典故场景，十二生肖、八美图、八仙图等木雕作品，雕刻精美，栩栩如生。山塘雕花楼的雕刻作品还有一个特色，就是有深厚的文化内涵。如第四进主厅（走马楼）的楼下东侧走廊，雕刻了全本《梁祝》，西侧走廊雕刻了全本《西厢记》。而主厅对面古戏台的两侧，雕刻了全本《牡丹亭》，台下则雕刻了全本《长生殿》，就像两本古朴的线装书，向游人展示了一个个精彩的昆剧情景，等待你去细细品赏。

课外活动

去山塘街实地走一走吧，了解山塘街的变迁，寻访其中的古宅、牌坊，挖掘其背后的故事。

山塘街雕花楼

2 君子比德于玉——玉涵堂

苏博士导读

苏博士，今天我们去游览山塘街的哪个景点呢？

今天，我们去参观一位苏州君子的故居——玉涵堂及周边的建筑群。

那里是不是有山塘人文风情馆？我外地的亲戚来苏州玩，爸爸、妈妈曾带他们去参观过。

是的，玉涵堂边上的山塘人文风情馆里，浓缩了山塘老街的市井风情，凝聚了苏州人文历史，是展示吴地风俗文化的一个窗口。

苏博士课堂

从新民桥下，沿着青石板路向南，至通贵桥过山塘河往西，一片白墙黑瓦的民居古宅，便跃入眼中。这里，就是明代南京吏部尚书吴一鹏的故居主厅——玉涵堂，俗称阁老厅。吴一鹏故居建筑规模甚大，历经近五百年的变迁，现周边大部分建筑已散为民居。

玉涵堂，其名取“君子比德于玉”之意，古人认为，玉具备“仁、智、义、礼、忠、信、德、道”等内涵，是君子的化身和代表，把玉作为修身的道德标准，体现了主人崇高的道德准则。玉涵堂的主人吴一鹏，官至南京吏部尚书。他为官正直，体恤民情又颇具风骨。明嘉靖年间，江南大旱，江北大水，他知道后，立即奏请皇帝减免灾区租税，发粮赈济灾民。据说，跨山塘河的通贵桥也是吴一鹏修建的。他有位好友住在山塘河对岸，为了方便与好友来往，吴一鹏出资捐建了这座桥。因此桥直接连通了两位显贵的交往之路，所以取名“通贵桥”。吴一鹏死后，被追赠太子太保，谥文端，人称吴阁老，沧浪亭五百名贤石刻上评其：“侃侃吴公，独持大礼。宁被罪愆，不敢失礼。”

由于年代久远，玉涵堂一度出现部分建筑屋面坍塌、门窗缺损等残败破落之象。2002年，为了让古宅重现生机，向世人展现姑苏人文之韵，政府对玉涵堂进行了一次保护性修复，原样修复了“状元游街”“长亭送别”“仙人送桃”等砖雕门楼，使玉涵堂恢复明代建筑特色，并在其西路北侧增设后花

园，重现玉涵堂当年的气韵和风采。

玉涵堂内两扇厚重的门也是一大亮点。这两扇门分成几层，外层为木门，门上镶有金砖，里层为厚重的石门，可以有效地防火防盗。威武的狮子头作铺首，铜质的门环敲击在金砖上，铿锵有声，起着门铃的作用，生动再现了古代苏州达官显贵的生活一景。

如今，穿越近五百年时空的玉涵堂，从精美的砖雕门楼、小巧的蟹眼天井，到小桥流水的后花园，都成为展示吴地传统文化和山塘人文风情的窗口。

拓展问答

通贵桥西面的古戏台有什么来历吗？

山塘街古戏台并非山塘街历史街区本帮正宗的历史遗构。戏台原在东汇路清代安齐王庙（安庙）内，2003年，被整体移建到山塘街，成为苏州城内唯一沿街开放的古戏台，且被列入“苏州市控制保护建筑”。每逢双休日和节假日，戏台上会演出各类文艺节目。

山塘街到底有多少座桥呢?

有个成语叫“横七竖八”，巧的是，山塘街上的古桥就是“横七竖八”。横跨河上的七桥是山塘桥、通贵桥（又名瑞云桥）、星桥、彩云桥（又名半塘桥）、普济桥、望山桥（曾名便山桥）和西山庙桥，竖贯堤上的八桥是白姆桥（曾名泰定桥，又名白马桥）、毛家桥、桐桥（曾名洞桥、胜安桥）、白公桥、青山桥、绿水桥、斟酌桥和万点桥。其中的白公桥，是为纪念白居易而命名的。山塘河东段北侧的白姆桥，是白居易筑白堤时建造的，为单孔石板桥。相传，白居易指挥开凿山塘河时，他的夫人常常来给他送饭，苏州人为纪念她的情义，把这座小桥命名为“白姆桥”。

课外活动

走一走山塘街，找一找7只“狸猫”在哪里。

3 义风千古——五人墓

苏博士导读

自古以来，苏州便是一个风光优美、人杰地灵的好地方。唐代诗人陆龟蒙，宋代名臣、诗人范成大，明代小说家冯梦龙、“风流才子”唐伯虎，都是在这块土地上成长起来的。文人墨客们为苏州增添了温婉文秀的气质，然而，苏州的民风却不止如此。历史上，苏州也有很多大义凛然、铁骨铮铮的义士，山塘街的五人墓所纪念者，就是其中的代表。

苏博士课堂

那是在明代晚期，朝政腐败，以魏忠贤为代表的宦官专权，苛捐杂税多如牛毛，民怨滔天。江南一带的东林党人结社讲学，激扬正义，反对宦官，代表了当时的民心所向，“天下学者，皆以东林为归”。

有个东林党人叫周顺昌。他为官清廉，深得民心，因看不惯宦官横行，曾当众怒斥魏忠贤。魏忠贤知道后大怒，就命令应天巡抚毛一鹭到苏州捉

拿他。苏州人民敬爱周顺昌，当毛一鹭带着官兵来捕人的时候，几千民众围观，纷纷指责宦官暴虐。其中颜佩韦率先替周顺昌鸣冤，杨念如、沈扬、马杰、周文元等四人，也带领当地众诸生，向朝廷使者求情，一时间，众人纷纷跪地不起，场面难以控制。兵丁持械对百姓大打出手，众人遂蜂拥而前，奋起反抗。兵丁们被打得死的死、伤的伤，纷纷抱头鼠窜。毛一鹭见状，吓得赶紧脱了官服，从小道溜出了苏州城。

事后，魏忠贤派兵前来镇压。为了保护当地百姓，颜佩韦、杨念如等五人挺身而出，主动领罪入狱。五人被押赴刑场行刑时，均神态自若、毫无惧色，还破口大骂魏忠贤和毛一鹭。正如明代文学家张溥的《五人墓碑记》中描写的，“五人之当刑也，意气扬扬，呼中丞之名而詈（lì）之，谈笑以死。断头置城上，颜色不少变”。

五人牺牲之后，当地人民感激他们的义举，出钱从刽子手那里领回尸体，把他们安葬在虎丘旁边的山塘街上。后来，还立了墓碑，碑上写着“五人之墓”。

虽然这次暴动被镇压下去，但是宦官看到了民众的力量，再不敢乱抓人了。五位义士死后不久，魏忠贤就垮台了，这一冤案得以昭雪。苏州城的百姓捣毁了魏忠贤的生祠，并在这里重新安葬了五位义士，立碑纪念。这就是坐落在苏州城外虎丘旁边的“五人墓”，墓前的石坊上还写有四个大字——义风千古。

白公堤石幢

拓展问答

五人墓边上还有葛贤墓，是不是因为他们都是苏州民间的义士，人们才把他们葬在一起？

的确是这样。葛贤墓是明朝苏州义士葛成之墓。当年，葛成率民众反抗暴政的斗争，即明代历史上著名的反税监事件。事后，葛成被捕下狱，两年后才被释放。葛成出狱后，因敬仰五人之高义，自愿为其守墓。他死后，人们便将他葬在五人墓侧。五人墓和葛贤墓现在都被列为江苏省文物保护单位。

这块石碑有什么来历吗？

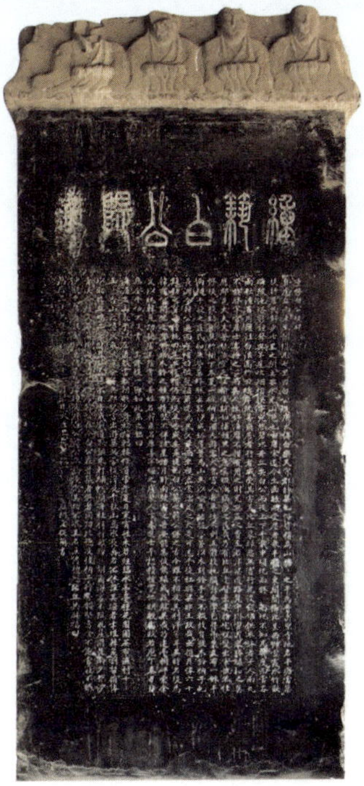

这是白公堤石幢，俗称方碑，是一件明代文物，上面刻有记载明代重修白公堤一事的碑文，是记载山塘街历史的重要古迹，现已被列为苏州市文物保护单位。

课外活动

参观五人墓，了解五人墓的故事及代表人物。

4 纪念南社

苏博士导读

离开了五人墓，我们沿着山塘街继续往西北方向走，一直走到中国南社纪念馆。这里也是纪念张国维的张公祠。今天，我们就一起走进这座极具民族正气的祠堂，听一听这个在中国近现代革命史和文化史上占据重要地位的社团——南社的故事。

苏博士课堂

一百多年前，在古城苏州山塘街的张公祠，诞生了20世纪初中国第一个革命文化社团——南社。

南社，是一个曾经在中国近现代史上产生过重要影响的资产阶级革命文化团体，1909年成立于苏州，发起人是柳亚子、高旭和陈去病。南社受孙中山先生领导的同盟会的影响，支持资产阶级民主革命，提倡民族气节，反对清王朝的腐朽统治，为辛亥革命做了非常重要的舆论准备。

南社的三位创始人，都是杰出的宣传家。柳亚子在苏州创刊的《复报》，以“发扬民族主义，传播革命思潮”为宗旨，在当时影响很大。高旭创办了国内最早的革命刊物之一《觉民》。陈去病更是曾创办或主编、参与编辑过十余种报刊。

那时，社会上有“文有南社，武有黄埔”的说法。与大名鼎鼎的黄埔军校并称，可见南社的影响力有多大。南社成员众多，其中，有中国近代民族民主革命先驱、连创《民呼》《民吁》《民立》三报的于右任。《民立》报的所有编辑，包括被孙中山赞为“一支笔胜十万师”的范鸿仙、主编宋教仁、记者陈其美等，都是南社社员。还有《中国白话报》创始人林白水、被誉为“新闻界全才”的邵飘萍等人，也都是南社社员。他们主持的革命舆论阵地，遍布全国，响彻海外，为辛亥革命做了思想准备，也开创了我国早期新闻出版事业的辉煌。

南社里，还有一批反清革命的志士。当风暴怒起的时候，他们拿起了枪，直接投身革命。纪录片《百年辛亥》中复原了一段被忽略的历史：1911年11月4日，上海光复的当天，革命党派出了一支五十多人的队伍，赶赴苏州，当夜联络新军和苏州各界人士。第二天清早，一千多人浩浩荡荡，进逼江苏巡抚衙门，迫使清政府江苏巡抚程德全宣布独立。队伍领头的，就是两位南社社员——张通典和他的女儿、秋瑾的战友张默君。张默君

南社三杰：高旭、陈去病、柳亚子

后来又和陈去病共同在苏州创办革命报纸《大汉报》，报馆就在可园。

2009年，南社百年诞辰之际，苏州市人民政府在南社成立地建立“中国南社纪念馆”，以缅怀先贤，垂范后人，发扬南社精神，振兴中华民族。

拓展问答

南社和复社有什么关联吗？

说起来，复社在精神上倒能说得上是南社的“老祖宗”了。复社是明朝末期在苏州虎丘成立的，主要领袖人物有张溥、张采、吴应箕、黄宗羲等，有留世名言“天下兴亡，匹夫有责”的顾炎武，也是复社的成员。复社成员多是青年士子，先后计有两千多人，遍及全国。该社春秋集会时，衣冠盈路，一城出观，社会影响极大。他们大都怀着饱满的政治热情，切磋学问，反对空谈，密切关注社会民生，并实际地参加政治斗争。他们揭露权奸宦官，同情民间疾苦，抒发报国豪情，富有感染力量。复社成员后来或被魏忠贤余党迫害致死，或抗清殉难，但复社所弘扬的精神，却一直流传着。二百多年后，在其诞生地不远处的山塘街成立的南社，可以说，正是其精神的延续、使命的传承。

苏博士，您刚才说南社纪念馆原本是张公祠，纪念的是张国维，能给我们介绍一下张国维吗？

张国维是明朝最后的兵部尚书，曾任明末江南十府巡抚。清兵入关后，他宁死不降，以身殉国。任职江南期间，他在苏州治水，从一个纯“文科生”练成了一个水利专家。那时，江南水患频发，张国维率人“筑太湖、繁昌二城，建苏州九里石塘及平望内外塘”，范围之广，工程之大，救人之多，为明代仅有。苏州老百姓感念他的恩德，于是自发为他建生祠祭祀，就是这个张公祠。

课外活动

去南社纪念馆参观，拍摄其中的楹联、题词，摘抄到你的读书笔记上。再查阅资料，了解南社和复社主要成员的事迹。

社会实践课　山塘街风情游

苏博士去哪儿

山塘街是到苏州旅行必去“打卡”的景点之一，大家都很喜欢到山塘街，看一看粉墙黛瓦、小桥流水的姑苏人家。

山塘街不仅有江南风情，也不仅仅是一条小吃街，这里还有五人墓、葛贤墓、玉涵堂等。每一个景点，都在诉说着苏州多姿多彩的风土人情，丰富了大家对苏州的想象。

还有南社纪念馆，我想去现场参观，感受一下知识分子的爱国气节。

大家说得真棒！山塘街为我们展示了吴地文化和民风的多样性，也丰富了姑苏风情的内涵。话不多说，我们赶紧出发，去实地探访山塘街吧！

微旅游路线推荐

山塘景区游览路线

山塘街——御碑亭——玉涵堂［新民桥、通贵桥、山塘人文风情馆、苏州生肖邮票博物馆、任嘒閑（xián）工作室］——古戏台——山塘雕花楼——汪氏义庄——陕西会馆——桐桥遗址——贝家祠堂——敕建报恩禅寺——白公桥遗址——义风园（五人墓、葛贤墓）——白公堤石幢——普福禅寺——中国南社纪念馆（张公祠）——李鸿章祠

廉洁文化宣传教育路线

白居易纪念苑（即唐少傅白公祠）——玉涵堂——“七里红棠”山塘区域党建工作站（古戏台）——广济路——吴中贝氏纪念馆——义风园——中国南社纪念馆——山塘社区（清正园）——虎阜路——虎丘路——虎丘

完成微记录

选择一种完成

1. 制作“山塘名人手册”：

（1）了解山塘街上的名人经历，收集他们的诗词和故事；

（2）找出一本新笔记本，记录你收集的山塘名人；

（3）可以通过配插画等方式，美化你的山塘名人手册。

2. 举办“山塘街风情游摄影展”：

（1）拍摄旅行中的精彩照片；

（2）邀请朋友举办山塘风情游摄影展，分享各自拍摄的照片；

（3）可分组为山塘街风情游摄影展设计一张宣传海报。

其他街巷关键词

★ 人民路："走煞卧龙街"；刘伯温

★ 白塔西路与白塔东路：吴廷琛（chēn）；东园、半园

★ 闾邱坊巷：苏轼；五爱堂；《一捧雪》

★ 书院巷：鹤山书院；况钟（zhōng）、周忱、海瑞、林则徐

第六单元

其他街巷

1 卧龙传说——人民路

苏博士导读

苏博士，山塘街的故事讲完了，接下来，您准备和我们讲哪条街呢？

今天我们去“走煞卧龙街”吧！

卧龙街？是说这里卧着一条龙吗？

也许是这条街形状像一条龙？

是不是现在的人民路？好像人民路以前叫“卧龙街”。

没错。那么，人民路为什么会跟龙扯上关系呢？这里面，有着众说纷纭的传说故事。

苏博士课堂

人民路位于苏州城中心，南至人民桥、接人民南路，北至平门桥、通火车站，是贯通苏州城南北的交通大道。

人民路以前叫“卧龙街”，被称为苏州的“龙脉”。它连接着城市的繁华，也见证了历史的变迁。据说，伍子胥建造阖闾城时，此街就已存在。南宋时，大概是处于古城中心的缘故吧，这条街被称为“大街”，后称“卧龙街”。因其很长，从南至北步行，需很长时间，苏州旧时有“走煞卧龙街”之谚。

卧龙街

关于卧龙街街名的由来，苏州民间有个传说：阴阳先生看风水，说孔庙是龙头，孔庙的两口井是龙眼，土地是龙脑，北寺塔是龙尾，而整条弯弯曲曲的人民路，就是龙身了。站在北寺塔的塔顶俯瞰人民路，似蛟龙盘踞，若隐若现。所以，人们便把这条街称作“卧龙街”，形容大街像一条长龙，伏卧于苏州城中。

在人民路与白塔路的交界处，是人们熟悉的接驾桥。提到“接驾”两个字，你会想，这是不是和皇帝有关系？的确，传说，苏州人迎接乾隆皇帝的地方，就是现在的接驾桥。据说，皇帝来了后就问，这条路叫什么路？当时的苏州知府说，这条街叫“卧龙街”，

三元坊为龙头，北寺塔路段为龙尾。一听到“卧龙街”三个字，乾隆皇帝就变了脸色，他想：皇帝就是龙，让我睡在大街上，每天都把我踩在脚底下，这还了得?!

边上有个官员相当聪明，一看皇帝冒火了，立马解释说：“皇上，您听错了，这条街叫‘护龙街’，是苏州人为保护您而取的名字。”乾隆一听，果然转怒为喜了。从此以后，卧龙街就改名为“护龙街”了。

民国时期，护龙街曾改名为“中正路”。中华人民共和国成立以后，定街名为“人民路”，经多次拓宽调整，人民路成为真正贯通南北的苏州古城“大动脉”。可以说，它见证了苏州的昔日荣光，也成就了苏州的锦绣年华。

拓展问答

听说，卧龙街街名的由来，还有别的说法？

是的，民间关于卧龙街的传说故事，版本很多，还有一个说法：明朝开国年间，每到夜里三更天，苏州街上总有两个火球滚来滚去。刘伯温告诉朱元璋，这两个火球是两颗夜明珠，意思就是有两条龙，这是要出两个皇帝的预兆。于是，朱元璋便派刘伯温来苏州破风水，以免有人夺取皇位。刘伯温来苏州后发现，这条街南头是一座学宫——孔庙，北头是一座大塔——北寺塔，算是一面压住了龙头，一面揪住了龙尾，叫“卧龙街”蛮恰当，就禀报朱元璋说，风水已破，这条龙再也动不了了。朱元璋一颗多疑的心，才总算放了下来。

课外活动

苏州有许多街巷的名称与“龙”有关，想一想，除了卧龙街，你还知道哪些？

2 闹市古宅多——白塔西路

苏博士导读

前面为大家介绍了很多苏州的古迹，常常深藏在不起眼的小巷子里。其实，古城区的闹市大马路上，也有许多古宅遗迹，比如，我们今天要去寻访的白塔西路。

苏博士课堂

白塔西路位置在白塔子桥（东章家桥）西面，东起临顿路，西至人民路。

经常行走在这条路上，你会发现，白塔西路外喧里静，这儿的宅园众多，颇为神秘。比如，这里有潘遵祁宅“西圃”，据说曾是太平天国时民政官员熊万荃的王府，还有“洪宅”“温宅”“杭宅”等宅园，只是现在很多散为民居了。

这里最著名的宅园，是清代状元吴廷琛的“池上草堂”，俗称“吴状元府第”，是典型的官衙大宅。吴廷琛出身于书香门第，祖父吴士楷与父亲吴文煃（kuǐ）都是大学士。吴廷琛勤奋好学，才华出众，16岁参加县试，名列前茅。后来，为了更好地进京应试，他告别妻子，远离城区，来到几乎与世隔绝的太湖洞庭西山读书，奋力自勉。十年之后，他进京参加科举考试，在会试中一举夺得第一名（会元），接着在廷试中又拿第一（状元），成为清代最后一个“两元”，也是苏州城继韩菼、彭定求、陆肯堂、

彭启丰之后的第五个“两元”。嘉庆皇帝有诗句“双元独冠三吴彦”称赞他。

吴廷琛之后，在白塔西路的这座老房子里，陆续出现了很多名人。他的儿子吴思树，在广东当官的时候，曾协助林则徐，在第一次鸦片战争中大败英军，立下赫赫战功。孙子吴郁生曾任内阁学士、礼部尚书、军机大臣。吴郁生擅诗文、工书法，为清末民初著名的书法家，留在故宫的墨迹甚多。辛亥革命后，吴郁生回到苏州故里。他晚年好行善，举办苏州书画赈灾会，捐出自己的书画代资，救济孤贫。到了近代，吴氏后裔更是人才辈出，比如，吴曾善曾在抗战期间担任“七君子”一案中章乃器的辩护律师，还有中国热物理学的创建人吴仲华等。

白塔西路向东穿过临顿路，即与白塔东路相接，两条大路组成了横穿古城东北部的主干道。喧闹的街道诉说着城市的沧桑与繁华，也见证了一代代苏州人的拼搏与成长。

拓展问答

苏博士，白塔西路和白塔东路上都没有白塔，那路名从何而来呢？

白塔西路和白塔东路得名于白塔，但是我们却看不到这座塔。塔在何处呢？原来，苏州古建筑有“七塔八幢九馒头”之说。清朝有文献记载，白塔就在白塔子桥旁边，而且是“七塔”中的第一塔，可惜，在民国年间拓宽临顿路时，被拆除了，所以我们就看不到了，只留下了白塔东路、白塔西路、白塔下塘、白塔弄这些地名。

白塔东路上有哪些古迹呢？

白塔东路上有两座园林——东园和半园值得一看。

东园，是20世纪70年代末，利用清末爱国教育家蒋炳章的旧居“蒋园”，以及古城墙遗址和内城河改造而成。园内曲廊回旋，亭榭错落，花木繁多，其西部有陈列于美国大都会艺术博物馆的“明轩”实物工程。东园的“明轩”建造于1979年，是美国“明轩”的“试验版”。“明轩”是苏州园林的第一次“出口”，当时，苏州人极为重视这个工程，建造之初，先在东园西侧按实样建造了一座“试验版”。1980年，美国“明轩”顺利建成，从此，中国园林走向世界，“明轩”作为中国文化一张亮丽的名片，为中外文化交流做出了历史性的伟大贡献。

半园，相传是清代咸丰年间，江苏道台陆解眉宅园，取“求足不求全”之意，取名“半园”。因仓米巷有史氏半园（南半园），所以一般称该园为“陆氏半园”，也称“北半园”。园以水池为中心，建有半亭、半廊、半船、半桥等建筑，布局紧凑，泉石清幽，为苏州小型园墅中的佳构之一。

另外，白塔东路上还曾有沈世奕的止园。沈世奕是顺治十二年（1655）进士，其子沈旭初、沈朝初及孙沈曾纯，均为康熙年间进士，科第之盛，名闻吴中。止园为清初名园，园中怀云亭尤为著名。

课外活动

走一走白塔东路和白塔西路，画一画路线图，并标注各个景点。

半园

3 苏州人情演义——闾邱坊巷

苏博士导读

苏州的巷子很多，名字的来历也多种多样，有的源于风雅，有的出自传说，古人说“天地君亲师”，这“五行”各种巷子名都占全了，但唯有眼前这一条闾邱坊巷可算是另类——它，诉说的是苏州民间浓浓的人情味。

苏博士课堂

闾邱坊巷位于人民路因果巷北，西起人民路，东至皮市街。因北宋时朝仪大夫闾丘孝终居此，故名。

闾丘孝终，字公显，苏州人。他在出任黄州太守时，曾建有栖霞楼，常邀请文人墨客在此喝酒聚会，苏轼也经常参加。

当时，苏轼因写诗讪(shàn)谤朝政，被贬到黄州任团练副使，在闾丘孝终手下任职。苏轼在黄州时，曾筑室于东坡，故名“东坡居士”。闾丘孝终敬重苏轼的才学，与之交往甚密。两人常诗酒唱和，友谊深厚。后闾丘孝终因故罢官，回苏州隐居。苏轼每次途经苏州，必去拜访闾丘孝终，以叙友情。苏轼曾说：“苏州有‘二丘’，不到虎丘，须访闾丘。”可见，苏轼对闾丘孝终是极为推重的。

时移世易，闾邱坊内闾丘孝终的故居，早已找寻不到，而二人之间患难见真情的故事，却代代相传，成为闾邱坊内永恒的美谈。

而在闾邱坊巷子东口的一户宅院——五爱堂里，也流传着一个与情义有关的故事。

五爱堂是建于清代嘉庆年间的詹氏花园，旧为朱宅，又名“静中院”，是詹沛霖与夫人张莼君为长子詹家驹结婚买下的古宅。詹沛霖，祖籍安徽，生于苏州，后到上海谋生。其家族中多位先祖是徽州有名的制墨高手，詹沛霖也一度在族人开设的墨庄里学艺，与文房四宝“结交”甚深。他自己又善于学习、钻研，开始只是零售纸张、油墨等文房用品，后来发展为开设“益记兴纸号”，兴建造纸厂，成为上海著名的“纸业大王”。

从静中院到五爱堂，这间詹氏花园也是历经风霜。“文革”期间，这座庭院变成了公管房屋，后又陆续回到詹家人的手中，但彼时已是庭院荒芜、花木凋谢，古建筑风貌再难寻觅。詹家出资修复后，将这座故宅捐给了苏州市福利院。詹沛霖有三子两女，长子詹家驹为体现兄妹五

人之间的团结友爱，在重修时，将故宅定名为“五爱堂”。

这座五爱堂，诠释的，不仅是詹家兄妹五人的相敬相爱，还有詹沛霖夫妇的遗德遗风。詹氏一家虽然早年侨居海外，却情系祖国和家乡，长年捐款、捐物，不仅在市福利院捐建了“沛霖”“莼君”诸楼，还在上海设立妇女儿童专项帮困金。从詹沛霖开始到其孙辈，三代慈善接力，传承德善家风。

随着时间的沉淀，一个个有情有义的故事就这样层层相叠，或淡墨，或重彩，绘出了这条巷子的精魄。

拓展问答

听说，闾邱坊内曾有个薛家园，园中有梁武帝的女儿妙严公主墓，是真的吗？

是有这个说法。薛家园的旧址，大致在今闾邱坊巷电信公司范围内，南面就是因果巷。很多人都知道，薛家园中葬有妙严公主，但鲜有人知，里面还曾有一座雪艳娘墓。相传，明末苏州知府莫怀古家，藏有一只名为“一捧雪”的玉杯，十分精美，酒入玉杯时，有“雪花飘飘”之感。莫府有个仆役汤勤，贪恋上了莫怀古之妾雪艳娘。为了得到雪艳娘，汤勤怂恿奸臣严嵩之子严世蕃，强取莫家玉杯“一捧雪”，害得莫家家破人亡。最终，雪艳娘假意嫁给汤勤，趁其不备刺死了他，随后也自刎了，死后就葬在了薛家园。

“一捧雪”的故事有多种版本，其中流传较广的一版是明末清初戏曲家李玉所写的传奇《一捧雪》，苏州昆剧院曾上演过据此改编的剧目。

清戏画《一捧雪》

课外活动

苏州街巷名称的由来花样繁多，比如，本课讲述的见证友情的闾邱坊巷，还有关于历史人物和典故的学士街、状元弄，涉及文化建筑名称的公园路、虎丘路，取自民间故事的渡僧桥弄、锦帆路，等等。查阅资料，选择你感兴趣的几条街巷，实地走访，多做记录，看看能否发现独特的美景和有趣的往事。

4 书韵浓浓书院巷

苏博士导读

苏博士，人民路三元坊那里有个书院巷，我猜，这个名称由来，应该是和古代的书院有关吧？

是不是在苏州中学那边？我堂哥就在那里上学呢。

我知道苏州中学里有个“尊经阁”，据说，是清代紫阳书院的旧址。书院巷的名字，是不是跟紫阳书院有关系呢？

大家真是爱思考的好孩子！历史的长河中，苏州出现过许多书院，那么，书院巷到底和哪个书院有关呢，我们今天，就一起来了解一下书院巷的“前世今生”吧。

苏博士课堂

书院巷，是一个多么诗意的巷名，以至于一提起来，就会让人联想到岳麓书院和白鹿洞书院，联想到这些著名书院里的参天古木、亭台楼阁。

而苏州的书院巷，位于人民路南段西侧，是一条全长五百多米、东西走向的巷子，唐宋时名“南宫坊”，为宋前六十古坊之一，后因巷子里有个“鹤山书院”而得名“书院巷”。现在，鹤山书院、鹤山花园和来鹤楼经过修复，都完好地保存在苏州卫生职业技术学院内。

鹤山书院的创办者魏了翁世称“鹤山先生”，是南宋有名的理学家。他毕生研究新儒学，并致力于办学，先后在四川、湖南等地创办鹤山书院，培养了众多人才，形成鹤山学派。魏了翁为官刚正不阿，晚年，在出任地方官的途中病逝于苏州，并葬在了苏州。魏氏后人从此定居苏州。元至顺元年（1330），魏了翁曾孙魏起向朝廷申请，“愿即苏之故居设学奉祠”。元文宗非常赞成魏起的设想，遂命人题额“鹤山书院”。

明朝永乐年间，苏州鹤山书院被改为江苏巡抚衙门，先后有不少有名的人物在这里任职，诸如况钟、周忱、海瑞、汤斌、梁章钜、林则徐等。现在大家看见的建筑，是清朝后期重建的，早先由于年久失修，建筑墙体、门窗等损坏严重，后来，苏州市政府对其进行了保护性抢修。修缮的时候，尽可能多地沿用了原有材料，大厅、楼厅、花园、照壁及门梁上的清代彩绘等，都修复如初，整体建筑修缮一新，恢复了巡抚衙门的历史原貌。

书院巷的今昔变迁，折射出时代翻天覆地的巨变。巷内沉淀下来的历史人文、书院府学气息，值得我们去回味，去感受。

拓展问答

苏博士，您刚刚说到，况钟、周忱、海瑞也在鹤山书院旧址办公过，能给我们介绍一下吗？

况钟是明代一位受百姓尊敬的清官，苏州人称他为“况青天”。著名昆剧《十五贯》，讲述的就是况钟平反冤狱的故事。位于姑苏区西美巷的况公祠是苏州人为纪念他而建造的，近年来，况公祠经过改造重建，成为苏州廉政教育基地，继续推崇并传承况公“为政以德”的治世思想与廉洁作风。

周忱是明朝名臣，财税学家。他总督江南税粮期间，整顿

况钟

周忱

海瑞

鹤山书院旧址

田赋，与苏州知府况钟一同进行经济改革，调整了官田税率，减轻了百姓的负担，深受江南人民的爱戴。

海瑞是明朝著名清官。他执法公正，明断是非，为世人所称道，与包拯、况钟并列为中国民间三大“青天”。关于海瑞的传说故事，民间广为流传。后经文人墨客加工整理，编成了长篇公案小说《海公大红袍全传》和《海公小红袍全传》，以及戏剧《海瑞罢官》《海瑞上疏》等。

苏博士，给我们说说林则徐在苏州的故事吧。

林则徐为官不仅公正清廉，而且很有一套治理办法。有一年，苏州发大水，水灾以后，林则徐把救济灾民的事务交给苏州府学的学生，每户一人负责。最后，赈灾的钱物全部顺利到达灾民的手中。林则徐还借用民间担粥的办法，动员有力的富户，或者一家一锅，或者几家合一锅，使那些年老体弱、卧病在床的最需接济的贫民，就近拿到。这个办法实施后，很少再有饿死的人了。

课外活动

1. 去苏州卫生职业技术学院找寻鹤山书院旧址。
2. 去况公祠参观，了解“况青天”的故事。

附录　趣说苏州街巷

苏州街巷之最

最长、最宽的街巷——干将路
最热闹、繁华的街巷——观前街
最能代表苏州名称的街巷——吴趋坊
更名最多的街巷——人民路
古典建筑、文物古迹最多的街巷——山塘街
最狭小的街巷——一人弄
最短的街巷——五福三弄

以数字命名的街巷

半边街、半仙巷、半爿营
一人弄、一斗山路、一善弄
二郎巷、二十间、二马路、二门口
三元坊、三乐湾、三香路、三茅观巷、三山街、三多巷
四亩田、四图观、四摆渡
五卅路、五福弄、五申弄、五龙堂、五爱巷、五峰园弄、五十六间
六宅头、六步桥
七姬庙弄（里）、七家弄、七道湾、七家村、七公堂弄
八宝街、八字桥弄、八字桥西街
九如巷、九十间、九胜巷、九道湾、九曲里、九条弄
十梓街、十全街、十间廊屋、十间头
百花洲、百步街、百狮子桥、百合弄、百家巷
万人码头、万安里、万宜坊、万年桥大街

苏州历代名人与街巷

有关西周及春秋时代名人的街巷

泰伯庙前、泰伯庙后及泰让桥弄（泰伯）
伍子胥弄（伍子胥）
干将路与莫邪路（干将、莫邪）
专诸巷（专诸）
陈公乡堂（陈仲子）

有关汉代名人的街巷

李继忠巷（原名“郦季子巷”，郦食其）

百家巷（顾训家族）

有关南北朝、唐代名人的街巷

韩家巷（韩愈）

甫桥西街（陆龟蒙，号甫里先生）

有关宋、元时代名人的街巷

宜多宾巷（原名“縻都兵巷”，縻登）

文丞相弄（文天祥）

濂溪坊（周敦颐，世称濂溪先生）

苏公弄（苏东坡）

叶家弄（叶梦得）

郡长巷（原名“朱张巷”，朱清、张瑄两家）

有关明代名人的街巷

学士街（王鏊）

朱进士巷（朱纨）

吴衙场（吴之佳）

文衙弄（文震孟）

大儒巷（王敬臣）

史家巷（史鉴）

有关清代名人的街巷

尚书里（彭启丰）

马济良巷（马济良）

盛家弄（盛宣怀）

以花木命名的街巷

幽兰巷、采莲巷、菉葭巷、槐树巷、丁香巷

丁香里、杏花里、花萼里、腊梅里、斑竹里

水仙弄、桂香弄、灵芝弄、芝麻弄、荷花弄

以动物命名的街巷

苍龙巷、乌龙巷、卧龙街、五龙堂、龙船咀

狮子口、狮子弄、金狮巷、醒狮路、对狮弄

凤凰街、聚鲤弄、金雀巷、麒麟弄、蜜蜂洞

以食物命名的街巷

麻油弄、盐仓巷、醋库巷、糖坊巷

猪行河头、腌猪河头、鸭行里、鸭蛋头

香肠弄、吊鳝弄、韭菜弄、炒米浜、鹅颈湾